Ludwig Fertig

Friedrich Hölderlin der Hofmeister

Poeten als Pädagogen

Ludwig Fertig

Friedrich Hölderlin
der Hofmeister

Wissenschaftliche Buchgesellschaft
Darmstadt

Einbandgestaltung: Studio for Communication Design
Ulrich Franz & Neil McBeath, Stuttgart.

CIP-Titelaufnahme der Deutschen Bibliothek

Poeten als Pädagogen. – Darmstadt: Wiss. Buchges.

Fertig, Ludwig: Friedrich Hölderlin der
Hofmeister. – 1990

Fertig, Ludwig:
Friedrich Hölderlin der Hofmeister / Ludwig
Fertig. – Darmstadt: Wiss. Buchges., 1990
    (Poeten als Pädagogen)
    ISBN 3-534-11412-4

Bestellnummer 11412-4

© 1990 by Wissenschaftliche Buchgesellschaft, Darmstadt
Gedruckt auf säurefreiem und alterungsbeständigem Werkdruckpapier
Satz: Setzerei Gutowski, Weiterstadt
Druck und Einband: Wissenschaftliche Buchgesellschaft, Darmstadt
Printed in Germany
Schrift: Linotype Sabon, 10/12

ISBN 3-534-11412-4

INHALT

V

VORWORT

Auf den ersten Blick muß das vorliegende Bändchen über den Hofmeister Hölderlin mit seinen vielen Einzelbelegen und Anmerkungen als ein Beitrag zur „zünftigen" Hölderlinforschung erscheinen mit dem Ziel, möglichst detailliert einen bestimmten Aspekt aus dem Werdegang des Dichters herauszuarbeiten. Doch diese Schrift soll nicht nur ein Beitrag zur Literaturgeschichte sein, es ist vielmehr beabsichtigt, am Beispiel Hölderlins die Eigentümlichkeiten der Hofmeisterexistenz um 1800 zu verdeutlichen; wenn es je einen „typischen" Hofmeister gegeben hat, so war es dies Hölderlin; kein anderer „Fall" scheint so geeignet zur Demonstration der gesamten Problematik. Aber mehr noch: Die Darstellung dieses „typischen" Hofmeisterlebens ist nur einer der in Arbeit oder in Druck befindlichen Beiträge des Verfassers zur Rekonstruktion des Lehrerdaseins der Epoche: So werden z. B. in weiteren Bändchen der Weisheitslehrer Wieland, der Mentor Goethe, der Schulmann Hebel und der Winkelschulhalter Jean Paul einzeln vorgestellt. Anhand dieser lehrenden Literaten soll der Leser mit pädagogischen Grundfragen der Zeit, vor allem aber mit der Erziehungswirklichkeit und der Lehrpraxis, vertraut gemacht werden. Daß es Poeten sind, die als Pädagogen in Einzelstudien vorgestellt werden, hängt vor allem mit der Quellenlage zusammen: Welcher Lehrer hat schon so viel an Verwertbarem hinterlassen wie die genannten Dichter?

Für alle diese Versuche gilt, daß konsequent die Lehrpraxis in den Vordergrund gestellt wird und oft Passagen aus dem Werk dieser Dichter lediglich als Ergänzung und Kommentar herangezogen werden. Dies bedeutet allerdings, daß nicht verschiedene Texte ausführlich interpretiert werden, daß vielmehr versucht wird, aus Hunderten von Einzelbelegen die gelebte Erziehungswirklichkeit mühsam zu rekonstruieren. Es ist zu hoffen, daß der Leser deshalb dem Autor die vielen Anmerkungen nachsehen wird.

Darmstadt, Juni 1990   Ludwig Fertig

1. HÖLDERLIN ALS PÄDAGOGE.
KINDHEIT UND „KINDHEIT"

Oft wurde Friedrich Hölderlins Tätigkeit als Hauslehrer nur als Ausflucht und Nothilfe verstanden, als widerwillig ergriffene Alternative zu einem einengenden Pfarramt und zur ersehnten Dichterexistenz. In der Tat war sein Hofmeisterdasein nicht gerade Zielpunkt eines Lebensplans, und es ist unbestritten, daß er als Dichter, der nicht etwa marktorientierter Schriftsteller sein wollte und der auf Grund der literatursoziologischen Gegebenheiten nicht von der Feder existieren konnte,[1] auf die pädagogische Praxis verwiesen war. Aber dies bedeutet keineswegs, daß er ohne tieferes Interesse erzog und unterrichtete. Es wird zu zeigen sein, daß Hölderlin ein engagierter und die Erziehungstheorien der Zeit rezipierender und reflektierender Pädagoge war.[2] Seine pädagogischen Prinzipien wurden oft nicht beachtet, weil, anders als etwa bei Jean Paul, eine entsprechende Schrift nicht existiert; so wird in den meisten „Geschichten der Pädagogik" entweder nur gelegentlich sein Name genannt – z. B. als Vertreter einer Pädagogik der Romantik[3] –, oder er kommt schlicht nicht vor.[4]

Schon der Umstand, daß Hölderlin über Jahre mit Freunden und Bekannten, die ebenfalls Erzieher waren, kommunizierte bzw. ihren Werdegang verfolgte, kann vermuten lassen, daß die Pädagogik für ihn wichtiger war, als es auf den ersten Blick erscheint. Es seien nur Freund Christian Ludwig Neuffer (1769–1839) genannt, der nach dem Studium am Tübinger Stift 1791 Vikar am Stuttgarter Waisenhaus wurde und daneben ein privates Mädchenbildungsinstitut betrieb,[5] und Rudolf Magenau (1767 bis

1

1846), der, ebenfalls 1791, Hauslehrer seiner Stiefgeschwister wurde.[6] Es muß kaum daran erinnert werden, daß auch die Studiengenossen Hegel und Schelling Hauslehrer wurden; bekanntlich nahm man am Geschick der jeweils anderen lebhaft Anteil.[7]

Bei dem Versuch einer Deutung der pädagogischen Existenz Hölderlins darf nicht, wie es oft geschehen ist, ein Aspekt herausgegriffen und die Komplexität von Erziehungspraxis und -theorie übersehen werden.[8] Die ganze Spannweite von sehr profaner Berufserfahrung als Hofmeister – dazu gehört auch die triviale Frage nach der Existenzsicherung[9] – über die Teilhabe an den bildungsphilosophischen Diskussionen der Zeit bis zur Thematik, welche Rolle der Dichter bei der Heranbildung einer neuen Generation spielen kann,[10] ist dabei zu berücksichtigen.

Es ist kaum bekannt, daß Hölderlins erste praktische pädagogische Betätigung bereits während der Studienzeit am Tübinger Stift einsetzte; sie sei schon hier zitiert, weil sie dieses Ineinander von Unterricht und Theorierezeption recht gut zeigen kann: Ende 1790 schreibt Hölderlin der Schwester, er werde im Winter kaum einen finanziellen Zuschuß benötigen, da er für Unterricht eines Berners „von Vellenberg" in Griechisch und Latein vorgeschlagen sei und dafür fünf Gulden im Monat erhalte. „Er ist sehr artig u. in meinem Alter. Studirt hier unter der Aufsicht eines Hofmeisters mit vier anderen Edelleuten aus der Schweiz."[11] Es handelt sich um keinen Geringeren als um Philipp Emanuel von Fellenberg (1771–1844), den später berühmten Pädagogen. Hölderlin behielt seinen Schüler in guter Erinnerung: Böhlendorff empfahl 1799 dem Schweizer den ›Hyperion‹ und erwähnte, der Verfasser, ein Republikaner, kenne ihn aus der Tübinger Zeit, er „schätzt und verehrt Sie, und verdient Ihre Freundschaft"[12]. Da fünf Gulden pro Monat gar so wenig nicht war – als Vergleich sei angeführt, daß, nach den Aufzeichnungen der Mutter, Hölderlins Informator Köstlin für den täglichen einstündigen Unterricht 12 Gulden pro Jahr erhalten hatte[13] und ein Schreiber in Nürtingen 200 Gulden im Jahr verdiente[14] –, ist anzunehmen, daß der Unterricht recht intensiv war.[15] Im übrigen spielten dann in Fellenbergs Erziehungsanstalt in Hofwyl Griechisch und Latein eine gewichtige Rolle[16] – gewiß eine Spätwirkung Hölderlins. Durch Fellenberg, dessen Vater bereits Rousseau rezipiert hatte,[17] der dennoch später mit dem eigenen pedantischen Unterricht unzufrieden war,[18] der in Pfeffels Erziehungsanstalt im philanthropischen Geist geprägt worden war,[19] früh Salzmann gelesen hatte,[20] sich schon in Tübingen für philosophische und pädagogische Probleme interessierte,[21] der die Lehren Kants, mit den pädagogischen Implikaten, aufnahm,[22] selbstverständlich Rousseau schätzte[23] und sich intensiv mit Campes ›Revisionswerk‹ beschäftigte,[24] durch den jungen Fellenberg, der selbst so eifrig lernte und sich so sehr für das rechte Erziehen und Lehren erwärmte, konnte Hölderlin wichtige Impulse erhalten. Daß sie vorhanden waren, dürfte sicher sein; wie stark sie waren, läßt sich nicht mehr feststellen.

Das heimische Nürtingen und seine Lebenswelt haben Hölderlin auch in Hinsicht auf seine pädagogischen Prinzipien stark geprägt, und sei es in dem Sinne, daß er als Erzieher das Gegenteil von dem versuchte, was er als Kind und Heranwachsender erfahren mußte. Ein Beispiel möge diese Rückorientierung zum Ursprung belegen: Im April 1795, nach der Beendigung seiner Erziehertätigkeit bei Charlotte von Kalb, wanderte er nach Halle und schrieb der Schwester: „In Halle war mir das Waisen- u. Erziehungshaus das merkwürdigste. Die Simplizität seines Äußern freute mich. Von dem Geiste, der da in der Erziehung herrscht, kann ich, als Augenzeuge, nur so weit urtheilen, als ich bei einer öffentlichen Prüfung der Waisenkinder und andern Zöglinge bemerken konnte. Da herrschte ganz die kleinliche, spielende, pedantische und doch kindische Manier der Pädagogen, die eine Weile so großen Lärm machten. Es ist freilich schwer, gegen das Kind in Belehrung und Behandlung sich so zu äußern, wie es der Menschheit würdig ist, und wie man einen edlen mänlichen Geist und keinen egoistischen, faden, arbeitscheuen Schwächling aus ihm zu bilden hoffen kann, also mit reinen Begriffen, und strengen aber gerechten Forderungen, und doch darüber nicht zu vergessen, daß man es mit einem Kinde zu thun hat, aber es ist doch auch zu arg, im Wesentlichen kindisch in Nebensachen pedantisch zu seyn, kleinliche Begriffe so vorzutragen, daß das Kind kein Wort versteht von dem feierlichen Bombaste und armseelige Forderungen so wichtig zu nehmen, als ob an ihnen das Heil der Welt läge."[25] Es kann kein Zweifel bestehen, daß Hölderlin dem Abiturientenexamen vom 24. März 1795 im Halleschen Waisenhaus beiwohnte, an dem neun Abiturienten aus Prima und vier aus Sekunda teilnahmen, wobei, in Anwesenheit des Direktors J. L. Schulze und der Kondirektoren Knapp und Niemeyer, u. a. Homers ›Odyssee‹ behandelt wurde.[26] In der Forschung, in der man dies übersehen hat, wollte man in Hölderlins Kritik eine Spitze gegen Basedows Pädagogik erkennen,[27] wohl deshalb, weil er im Anschluß an den Besuch des Waisenhauses nach Dessau ging, wo Basedow gewirkt hatte; hier bewunderte Hölderlin das neue Schulgebäude;[28] man muß dazu wissen, daß Dessau eines der pädagogischen Musterländer der Aufklärungszeit war.[29] (Nebenbei sei erwähnt, daß die

4

anzunehmende persönliche Bekanntschaft mit Niemeyer, dem Urenkel August Hermann Franckes, der dann 1796 mit seinen verbreiteten ›Grundsätzen der Erziehung und des Unterrichts‹ bekannt und 1799 Leiter der Stiftungen wurde, noch wahrscheinlicher macht, daß sich Hölderlin mit der oft zitierten Widmung des ›Hyperion‹ an Susette Gontard „Wem sonst als Dir?" auf einen Gedichtband Niemeyers 1778 bezog.[30]) Es ist schon deshalb fraglich, ob Hölderlin Basedows Philanthropinismus meinte, weil man sich in Halle von den Dessauer Praktiken distanzierte.[31] Was Hölderlin in Halle monierte, konnte er durchaus auf das Selbstverständnis Niemeyers und seiner Kollegen beziehen.[32] Aber man beachte, daß er in dem Brief bei der Schwester ein Wissen um die Problematik voraussetzte; es scheint mehr um Nürtinger Pädagogik als um die in Halle gegangen zu sein: Es ist mehr als nur wahrscheinlich, daß Hölderlin den auch der Schwester bekannten pietistisch gesinnten Dekan Jakob Friedrich Klemm (1733–1793) vor Augen hatte, der in Nürtingen 1783 eine „Realschule" gegründet hatte – die erste in Württemberg überhaupt –, Schulbücher im Geiste der Aufklärung verfaßt hatte, in denen eine Verbindung von Sprach- und Realunterricht intendiert war, der konsequent berufsvorbereitende und „humanistische" Inhalte zu verbinden trachtete[33] und daneben, außerhalb der Schule, das „Maienfest" in Richtung aufklärerisch-moralisierender Spielgestaltung umorganisierte, im übrigen gegen den Widerstand von verschiedenen Seiten.[34]

Es ist nicht möglich, hier die oft beschriebene[35] Kindheit Hölderlins im Detail nachzuzeichnen, obwohl sie eine vorzügliche Quelle für Kindheit nach 1770 darstellt. Bekanntlich wurde der junge Fritz Hölderlin von der Mutter in der Tradition württembergisch-bürgerlicher „Ehrbarkeit" erzogen, etwa nach dem Prinzip, das 1778 der Nürtinger Theologe Christian Friedrich Duttenhofer (1742–1814), wie dann auch Hölderlin Schüler der Nürtinger Lateinschule und der Klosterschule in Denkendorf sowie Tübinger Stiftler,[36] in seinen ›Predigten über die Erziehung der Kinder‹ formulierte: „Stellet ferner, dieß sey unsere sechste Regel, euren Kindern öfters den großen Seegen und die herrliche Verheißungen vor, die Gott dem vierten Gebot angehängt hat. Saget ihnen, daß solche Kinder, die in einem willigen Gehorsam und in frommer Ehrfurcht gegen ihre Aeltern wandeln, allemal in ihrem ganzen Leben die glücklichste Menschen seyen, und daß es ihnen überall, wo sie hinkommen, unter dem sie begleitenden Schuz und Seegen Gottes wohl gehe, weil sie sich überall und zu allen Zeiten eben so leicht und so willig in die Ordnung Gottes schicken werden, als sie sich in ihren jüngeren Jahren in die Ordnung ihrer Aeltern geschickt hätten."[37] In der Forschung hat man bei der Beurteilung einer solchen Erziehung, je nach eigenem Standpunkt, mehr die Ehrenfestigkeit[38] oder die so erreichte psychische Verformung[39] betont. Fest steht jedenfalls, daß hier eine wie immer geartete „Erziehung vom Kinde aus" so wenig vorgesehen war wie der Wunsch des Heranwachsenden, sich einen Beruf selbst zu wählen.

Hölderlin war von der Mutter, die zweimal verwitwet war, frühzeitig zum Theologen bestimmt. Sie stammte selbst aus einer Pfarrerfamilie, Hölderlins Pate, Johann Friedrich Hölderlin (1736–1811), war Landpfarrer.[40] In Nürtingen gab es würdige Vorbilder: Klemm, Duttenhofer und nicht zuletzt Nathanael Köstlin (1744–1826), seit 1775 „Helffer", d. h. zweiter Stadtpfarrer, der Onkel Schellings, der diesen zwei Jahre in seinem Haus erzog.[41] Zunächst besuchte Hölderlin die Nürtinger Lateinschule;

hier wirkte, seit 1778, der Präzeptor Kraz.[42] Karl Gok schrieb später: „Im gleichen Schritte mit seiner körperlichen Bidlung bildete sich auch seine geistige an der berühmten lateinischen Schule seiner neuen Vaterstadt, unter der Leitung tüchtiger Lehrer aus; und früh schon zeigte sich seine Liebe zu den Sprachen der griechischen und römischen Classiker die ihm nicht nur besondere Fertigkeit in der Kenntniß dieser beiden Sprachen und der alten Geschichte verlieh sondern auch seinen Geist ausbildete."[43] Neben dem Schulbesuch erhielt er etwa drei Jahre lang Privatunterricht zur Vorbereitung auf das „Landexamen" vom „Helffer" Köstlin, der väterlicher Freund und nach dem Tod des Stiefvaters wohl auch Vaterersatz wurde.[44] Im Schwäbischen war es bekanntlich möglich, Gottgefälligkeit und Sparsamkeit insofern zu verbinden, als die Ausbildung zum Theologen in den „Klosterschulen" und im „Stift" auf Staats- bzw. Kirchenkosten erfolgte. Gok schrieb: „Bei dieser Neigung entsprach Hölderlin dem Wunsche seiner Mutter, daß er sich nach seinem Austritt aus der Schule dem Studium der Theologie widmen möchte um so lieber, weil diß in Würtemberg durch kirchliche Stiftungen erleichtert, und es auch hiezu befähigten minder Bemittelten möglich ist, dasselbe ohne bedeutende elterliche Unterstützung zu absoliren."[45] Zwischen 1780 und 1783 nahm Hölderlin viermal am „Landexamen" teil,[46] der gefürchteten zentralen Eignungsprüfung ausgewählter Lateinschüler vor dem Stuttgarter Konsistorium. Ein Zeitgenosse schrieb 1778, beim Gedanken an diese Prüfungszeit breche allen künftigen Theologen in ganz Württemberg im Alter von zehn bis vierzehn Jahren der Angstschweiß aus,[47] noch Hermann Hesse schilderte später in ›Unterm Rad‹ die Situation und zeichnete sarkastisch den zähmenden Lehrer: „Seine

Pflicht und sein ihm vom Staat überantworteter Beruf ist es, in dem jungen Knaben die rohen Kräfte und Begierden der Natur zu bändigen und auszurotten und an ihre Stelle stille, mäßige und staatlich anerkannte Ideale zu setzen. Wie mancher, der jetzt ein zufriedener Bürger und strebsamer Beamter ist, wäre ohne diese Bemühungen der Schule zu einem haltlos stürmenden Neuerer oder unfruchtbar sinnenden Träumer geworden!"[48] Ob Hesse auch den „Neuerer" und „Träumer" Hölderlin vor Augen hatte, der dennoch nicht „Bürger" und „strebsamer Beamter" werden wollte? Diese württembergische zentral gelenkte Hochbegabtenförderung, die es den fleißigen Jungen des gebildeten Bürgertums[49] erlaubte, nach bestandenen Landexamensprüfungen die „Klosterschulen" und anschließend das Tübinger „Stift", „Schwabens Allerheiligstes",[50] zu besuchen, impliziert in der Tat eine erstaunliche Naturbezwingung durch disziplinierende Leistungsanforderungen. Im Unterricht erfolgte eine konsequente Konzentration auf die alten Sprachen und auf Rhetorik und Dialektik; mit Realkenntnissen hatten – etwa im Unterschied zu Baden – in diesem System künftige Theologen nichts zu schaffen. Es stammte aus dem Reformationszeitalter und war durch eine straffe Stufung gekennzeichnet: Hölderlin z.B. besuchte die Lateinschule – in Nürtingen, von 1776 bis 1784 –, dann die „niedere" Klosterschule – Denkendorf, von 1784 bis 1786 –, schließlich die „höhere" – Maulbronn, 1786 bis 1788 –, zuletzt das „Stift" – 1788 bis 1793. Eine Parallele zu diesem Schulsystem, das auf die Kirchenordnung von 1559, die auch eine Schulordnung enthielt, zurückgeht, findet sich in der Existenz der sächsischen Fürstenschulen, die ebenfalls aus eingezogenen Kirchengütern resultierten, auch eine strikte Begabungsförderung – für den Besuch von

Meißen, Grimma und Pforta – vorsahen, ebenfalls einige herausragende Leute hervorbrachten – Lessing, Klopstock, Gellert – und durch harte Disziplin geprägt waren.[51] Die württembergischen Absolventen hatten ein Anrecht auf eine Pfarrstelle, die besten Studenten – es wurde exakt Buch geführt – durften als erste mit einer Anstellung rechnen. Schwierig wurde es, wenn man, wie Hegel und Hölderlin, nach den Prüfungen gar nicht Pfarrer werden wollte: Man lebte in Angst, vom allmächtigen Konsistorium dazu rekrutiert zu werden. Solange man allerdings Hofmeister war, mußte man sich nicht sorgen. Es versteht sich fast von selbst, daß dieses System den Unwillen der aufklärerisch-utilitaristisch gesinnten Zeitgenossen erregte: In einer Rezension in Friedrich Nicolais ›Allgemeiner deutscher Bibliothek‹ wurde 1792 getadelt, „daß die ganze Erziehungsanstalt in den Klöstern noch so viel Mönchisches an sich hat", daß die Zöglinge von der Welt ferngehalten werden, die Lehrer weltfremd und unfähig seien, auf die Individualität einzugehen, daß sie nicht hinsichtlich pädagogischer Kenntnisse, sondern nur im Hinblick auf philologische ausgewählt seien; Mystik statt Tugendlehre, Philologie statt Realienunterricht werde hier betrieben.[52] Auch Karl Friedrich Reinhard (1761–1837), der ein Jahrzehnt vor Hölderlin die Klosterschul-Karriere absolviert hatte und es dann in Frankreich zum Minister brachte, klagte, daß man hier die Zeit mit zwecklosen Inhalten verbringe und zum Pedanten und unbrauchbaren Menschen werden könne.[53] Die Grundlage für die erstrebte „eruditia pietas" bzw. „pia eruditio"[54] sind die ›Statuten der Alumnorum in den vier besetzten Clöstern des Herzogthums Würtemberg‹ von 1757.[55] Hölderlins Freund Magenau beschrieb eindrucksvoll sein Erschrekken vor der Gefängnisatmosphäre in Denkendorf,[56] ein

Blick in den Stundenplan[57] vermag einen Eindruck von der allumfassenden Macht dieser Verbalgelehrsamkeit zu vermitteln. Johann Albert Bengel, der lange vor Hölderlin in Denkendorf wirkte, mag den Vorsatz gefaßt haben, in gut pietistischem Geiste auf die Individualität der Zöglinge einzugehen,[58] zu spüren war davon in der fraglichen Zeit nichts. Auch von einer möglichen Auflehnung des Fritz Hölderlin gegen die Starrheit und die Pedanterie dieses Humanismusbetriebes ist nichts zu bemerken. In einem erhaltenen Dankgedicht an die Lehrer von 1784 heißt es artig:

> Und was ist wohl für euch die schönste Krone?
> Der Kirche und des Staates Wohl,
> Stets eurer Sorgen Ziel. Wohlan, der Himmel lohne
> Euch stets mit ihrem Wohl.[59]

In dem, von außen betrachtet, ehrwürdigeren Maulbronn – schon Kepler war hier Schüler – fand Hölderlin, der hier 1786 eintrat – er war, was die Leistungen anging, der sechste von 29 Novizen[60] – strenge Disziplinvorschriften vor, aber trotzdem auch, oder gerade deshalb, viele Übertretungen.[61] Nach Magenau stand Maulbronn „im Rufe alter Verdorbenheit". „Mit bangen Ahndungen führten Eltern ihre Söhne dahin. Viele Jünglinge hatten da das Grab ihrer Tugend gefunden, viele da alles verlohren. Die frechste Zügellosigkeit herrschte seit Jahren in diesen Mauern." „Eine offene Bahn zu vielen Ausschweiffungen! Ein mächtiger Hang zum Sauffen war einheimisch an diesem schlecht beobachteten Orte. Die Bürger von altersher gewöhnt, den Studenten überal die Hand zu bieten. Das Geld der leztern überwand alle Hinderniße. Nächtliche Exkursionen waren zur Gewonheit geworden. Über die gröbsten Verbrechen schlich man hinweg. Keine Achtung war vor den Gesezen, wie vor ihren Exekutoren. Der Prälat zechte nicht selten selbst mit seinen Zöglingen, u. so war alles im Geleiße, als ich in diß Closter eingeführt wurde. "[62] Hölderlin litt am „Kloster"; seelische Schäden erscheinen als wahrscheinlich.[63] Er hatte Hunger, verspürte die Launen des Prälaten und beklagte sich bei der Mutter 1787.[64] Er zweifelte, zumindest zeitweise, an dem Sinn des Ganzen, des ganzen Systems, auch daran, daß er dereinst Pfarrer sein sollte. Dann beruhigte er, 1787, wieder die Mutter: „Sie können mirs jezt gewiß glauben – daß mir, außer in einem ganz außerordentlichen Fall, wo mein Glük augenscheinlich besser gemacht wäre – daß mir nie mehr der Gedanke kommen wird aus meinem Stand zu tretten – Ich sehe jezt! man kan als Dorfpfarrer der Welt so nüzlich, man kann noch glüklicher sein, als wenn man, weis nicht was? wäre. "[65] Wichtig ist zu wissen, daß die Eltern einen Revers zu unterschreiben hatten, in dem sie sich zu einer Rückzahlung der Kosten verpflichteten, wenn die Söhne nicht in den Kirchen- oder Schuldienst eintreten würden.[66] Es ist unschwer abzuschätzen, welche Wirkung diese Form von staatlich gelenkter Berufserziehung, in der „Bildung" stets mit Disziplinierung einherging, auf die Zöglinge hatte.

Der Druck blieb auch im Stift,[67] die revolutionären Ereignisse in Frankreich[68] ließen ihn in neuem Licht erscheinen, und umgekehrt sensibilisierte er die Studenten politisch und machte sie aufmüpfig. Wenn Hölderlin, 1792 der Schwester gegenüber, die Franzosen „die Verfechter der menschlichen Rechte" nannte[69] und der Mutter bedeutete, „der gute Bürger" habe im Gefolge der Revolution nichts zu fürchten, da man ihm „angemaßte Rechte" nicht abnehmen könne,[70] hatte dieses Bewußtsein in dem Aufbegehren der Stiftler gegen die hergebrachten Ordnungen ihre Basis. In einem Gutachten von 1791 wurden die Laster aufgeführt: „Eckel vor dem soliden, mühsamen Studio, oberflächliche Kenntnisse, Journalengelehrsamkeit, Verachtung der Theologie, Hang mit heterodoxen Meinungen zu prahlen, ohne sie geprüft zu haben." „Erschlaffung und Trägheit, Hang zu Frivolität und Wohlleben, Geringschätzung der Gesetze, Unbotmäßigkeit, falscher Freiheitssinn, Mangel an praktischer Lebensklugheit, wenig Lebensart, entweder Blödigkeit oder Dreistigkeit, Abneigung gegen den geistlichen Stand, Wunsch, das nicht zu sein und zu scheinen, was man ist und sein sollte."[71] Hölderlins Freund Magenau formulierte auch in Tübingen die Kritik: „Das theol. Stift war mir von der ersten Stunde an bis zu meinem Abschiede unerträglich. Überal Unordnung, und Planlosigkeit. Tausend Demüthigungen für den guten Kopf, alte mönchische Etiquette, ein Regiment nach keinem vesten Masstabe – o wie oft seufzte ich im Stillen um Erlößung!"[72] Karl Friedrich Reinhard bemerkte schon 1785, statt daß hier „Lehrer des Volks" herangebildet würden, sei zu beobachten, daß die Stpendiaten „in öden dumpfen Kerkern – erst der Land- dann der Kloster-Schulen – dann des Stifts die Jahre vertrauren", es gebe einen bemerkenswerten „Kontrast" zwischen der freien Denkungsart der Studenten und ihrer „höchst sclavischen Behandlungsart";[73] an Schiller schrieb er: „Ich danke dem Stift, in dem ich fünf Jahre verloren habe, nichts als durch peinliche Entbehrung auf einen hohen Grad gespanntes Freiheitsbedürfnis. Ich weiß nicht, hab ich's der Elastizität meines Charakters oder der Schonung meines Aufsehers zu danken, daß mein Geist gerade nur bis auf den Punkt niedergedrückt wurde, wo er den Druck noch aushalten konnte, ohne zu brechen."[74] 1790 schrieb Hölderlin der Mutter: „Überhaupt ists unbeschreiblich, unter welchem Drucke das Stipendium wirklich ist."[75] Zwar kann man auch versuchen zu zeigen, daß dieser Druck objektiv so groß gar nicht war,[76] aber entscheidend ist, daß er als übermächtig empfunden wurde, daß das Bildungserlebnis nach wie vor mit einer Disziplinierungsmaßnahme identifiziert wurde. Das Gefangensein in dieser alles regulierenden Bildungsinstitution mußte „zornige Sehnsucht" nach Tatendrang und Ausbruch provozieren. Hölderlin dichtete:

> Ich duld' es nimmer! ewig und ewig so
> Die Knabenschritte, wie ein Gekerkerter
> Die kurzen vorgemeßnen Schritte
> Täglich zu wandeln, ich duld es nimmer![77]

Er lernte, den Gelehrsamkeitsbetrieb zu verachten: „Meinetwegen könnten alle Magisters- und Doktors-Titel, sammt hochgelahrt und hochgeboren in Morea sein", schrieb er 1790 der Mutter.[78] Er plante zeitweilig gar, zur Juristerei überzuwechseln, nicht aus Neigung – im Gegenteil, „das ekle Studium der Juristerei"[79] stieß ihn im Grunde ab –, sondern weil die Distanz zu den theologischen Lehrmeinungen und zur von oben vorgeschriebenen Karriere zu groß wurde. Dazu kam der Traum von einer Dichterexistenz.[80]

Während des eigentlichen Theologiestudiums – es währte drei Jahre, nach zwei Jahren Studium der „artes" in der philosophischen Fakultät – wurde der Abstand zu diesen verordneten Lehrmeinungen immer größer, allerdings hatte Hölderlin durchaus eine Vorliebe für das Predigen.[81] Ein Predigtentwurf von Anfang 1791 deutet darauf hin, daß – im Geiste der Spätaufklärung – auf das Thema der Praktizierung christlicher Lehre Wert gelegt wurde: Christus ist „Lehrer der Menschen"[82] – ein pädagogisches Motiv klingt an.

Die – auch für die künftige Pädagogik – entscheidenden Bildungsmächte wurden nicht in der offiziellen Lehre des Stifts erfahren, sondern in der dazu konkurrierenden Lektüre. So wurde Rousseau das große Vorbild, seine Schriften konnten als Befreiungsphilosophie fungieren. In Schillers ›Thalia‹[83] konnte man etwa sein Lob aus Reinhards Feder lesen, der über die Ursachen der Revolution schrieb: „Sein ›Emil‹ hat im häuslichen Leben und in der Erziehung eine Revolution hervorgebracht: Seine ›Julie‹ hat auf Denkungsart und Sitten des gesellschaftlichen Lebens mächtigen Einfluß gehabt ..."[84] Im übrigen war Reinhard entfernt mit Hölderlin verwandt, hatte nach dem Stiftsbesuch eine Hauslehrerstelle in der Schweiz inne – wie dann Hölderlin –, später eine Stelle in Bordeaux – wie Hölderlin.[85] Rousseaus Lehren konnten als Korrektiv gegen die Starrheit des Stiftssystems dienen; man denke auch an seinen Einfluß auf Hegel in dieser Zeit.[86] Über Kant allerdings konnte man sich quasi offiziell informieren: Hölderlins Lehrer Johann Friedrich Flatt (1759–1821) las über ihn; in seinem Kant-Buch von 1789[87] bezog er sich schon auf die ›Kritik der praktischen Vernunft‹, die ein Jahr vorher erschienen war.[88] Für die geistige Situation im Stift war es freilich bezeichnend, daß die Vermittlung Kants vor allem durch die „Repetenten", den akademischen „Mittelbau" in Tübingen, erfolgte.[89]

Die Frage ist kaum zu beantworten, inwiefern die Lektüre Hölderlins oder seine Lehrveranstaltungen für die spätere pädagogische Tätigkeit von Bedeutung waren. In der Ausbildung am Stift waren pädagogische Fragestellungen nicht vorgesehen; in Württemberg – wie in anderen Territorien auch – gab es ja keine selbständige Ausbildung von Pädagogen, erst nach Hölderlins Zeit, ab 1793, wollte man in die Klosterschulen und in das Stift einige wenige

Schüler aufnehmen, die von vornherein zum Lehramt bestimmt waren.[90] Am ehesten kommt Flatts Vorlesung über
empirische Psychologie in Frage, die Hölderlin hörte.[91] Da
aus der Stiftsbibliothek auf seinen Namen nur zwei Werke
entliehen worden waren – Platon und ein Jesaja-Kom-
mentar[92] –, bleiben nicht viel mehr als Spekulationen. Nur
ein Teil der Bücher, die Hölderlin besaß, ist ja bekannt, nur
wenige befanden sich noch in Nürtingen, als er starb; über-
dies ist unklar, wann sie erworben wurden.[93] Es kann
kaum entschieden werden, welche Bedeutung Campes
›Seelenlehre‹ für ihn hatte, die er, nach Christoph Theodor
Schwabs Tagebuch (1841), besaß.[94] Es ist unklar, ob Johann August Eberhards ›Neue Apologie des Sokrates‹, die
sich in einer Nachdruck-Ausgabe von 1787 unter dem
Nürtinger Bestand fand,[95] für Hölderlins Pädagogik von
Belang war; hier konnte er z. B. im zweiten Band, in Rück-
griff auf Rousseaus kindgemäße Pädagogik, den Hinweis
finden, daß beim Kind „die Religionserkenntniß nach und
nach in demselben müsse erweckt werden …"[96]. Offen
muß auch die Frage bleiben, ob Hölderlin hier und später
bei seinen Lobpreisungen des Sokrates[97] das Prinzip der
Mäeutik bzw. das pädagogische Prinzip des sokratischen
Dialogs bewußt war. Im übrigen war ihm Eberhards Bedeutung schon 1788 geläufig,[98] und es ist wichtig – in Ergänzung zur Hölderlin-Forschung – zu bemerken, daß
Eberhard an der schon genannten Abiturprüfung 1795 in
Halle als Vertreter der Universität teilgenommen hatte;[99]
vielleicht war diese Mitwirkung überhaupt Anlaß für
Hölderlins Hospitation am Waisenhaus. Nicht auszuschließen ist, daß er die von Samuel E. Baur 1790 heraus-
gegebene ›Charakteristik der Erziehungsschriftsteller
Deutschlands‹[100] kannte; Baur, 1768 geboren, studierte
nach seinem Studium in Jena 1793 in Tübingen Theolo-

15

gie.[101] Mit ziemlicher Sicherheit kannte Hölderlin jedoch das von Immanuel David Mauchart, einem Stiftsrepetenten – ab 1793 war er Diakon in Nürtingen –, edierte Werk ›Allgemeines Repertorium für empirische Psychologie‹, dessen erster Band, in der Nachfolge der Arbeiten von Karl Philipp Moritz, 1792 erschienen war;[102] die beiden ersten Bände hatte er jedenfalls in seiner Bibliothek.[103] Man kann davon ausgehen, daß Hölderlin schon in Tübingen mit Mauchart bekannt wurde.[104] Bereits 1789 publizierte dieser: ›Phänomene der menschlichen Seele‹, mit dem Untertitel ›Eine Materialien-Sammlung zur künftigen Aufklärung in der Erfahrungs-Seelenlehre‹,[105] eine Aufsatzsammlung mit Hinweisen auf die Konsequenzen psychologischer Beobachtungen für die Erziehung, mit Anlehnungen z. B. an Campes ›Revisionswerk‹,[106] das schon im Zusammenhang mit Fellenberg genannt wurde. Hölderlin konnte sich bei der Lektüre von Maucharts ›Repertorium‹ z. B. vom Beitrag des Rektors Hutten über die in dieser Zeit oft abgehandelte Frage anregen lassen, ob die öffentliche oder häusliche Erziehung zu bevorzugen sei[107] – ein wichtiges Thema für einen von der Schule gezeichneten potentiellen Hauslehrer. Johann Georg Hutten (1755–1834) betonte hier den Wert der Charakterbildung vor rein intellektueller Bildung, vor reiner „Gedächtniswissenschaft".[108] Hutten hatte die württembergische Theologenausbildung durchlaufen, wurde früh Rektor in Speyer, ab 1790 in Tübingen und wurde 1797 Professor in Denkendorf; viele pädagogische Schriften stammen von ihm.[109] Er war Herausgeber jener – bei Cotta, ab 1791, erschienenen – Plutarchausgabe, die Hölderlin – wie auch Hegel, Magenau und Neuffer – subskribierte.[110] Wie schon für Schiller wurden Plutarchs aus pädagogischen Gründen verfaßten Heldengeschichten zu einem wichtigen

16

Begleiter durchs Leben. „Mir ekelt vor diesem tintenklecksenden Säkulum, wenn ich in meinem Plutarch lese von großen Menschen", hatte Karl Moor in den ›Räubern‹ bekanntlich ausgerufen.[111] In Maucharts ›Repertorium‹ konnte Hölderlin in einem ›Auszuge aus dem Tagebuche eines Erziehers‹[112] – Beobachtungen über einen siebenjährigen und einen zehnjährigen Jungen – auch eine Lobpreisung der „neuen" Pädagogik des Philanthropismus lesen – „Es ist doch ein herrliches Studium, die Pädagogik"[113] –, eine Hochschätzung der ›Kinderbibliothek‹ und des ›Robinson‹ von Campe finden, der ›Kinderspiele‹ Schummels, des ›Kinderfreundes‹ Weißes, des ›Kinderfreundes‹ Rochows, auch einen Hinweis auf die verbreitete Schrift Büschings über den Unterricht für Informatoren und Hofmeister,[114] auch Rezensionen pädagogischer Literatur.[115] Inwiefern sich Hölderlin dadurch zu eigener Lektüre und Meinungsbildung hat anregen lassen, ist nicht mehr exakt zu rekonstruieren.

Es kann allerdings als wahrscheinlich gelten, daß sich Hölderlin von der pädagogischen Grundhaltung Wilhelm Heinses (1749–1803) hat beeinflussen bzw. bestärken lassen. Wie andere Stiftler auch, hatte er den Skandalroman der Zeit, ›Ardinghello und die glückseligen Inseln‹ (1787), gelesen, das Motto zur ›Hymne an die Göttin der Harmonie‹ (1790/91) war Heinses Roman entnommen.[116] Es ist bekannt, daß Hölderlin Wilhelm Heinse zeitlebens verehrte und ihn später persönlich kennenlernte, der Einfluß des ›Ardinghello‹ auf den ›Hyperion‹ ist oft festgestellt worden.[117] Über Heinse konnte Hölderlin sich auch von Rousseau inspirieren lassen; nicht nur die Auffassung vom tatvollen Naturmenschen ist hier zu nennen, auch in anderer Hinsicht war Heinse, etwa durch die ›Nouvelle Héloïse‹, von Rousseau beeinflußt. Man liest im ›Ardinghello‹ z. B.: „Ich glaube, die Hauptregel bey der Erziehung sey, den Kindern Zeit zu lassen, sich selbst zu bilden. Das beste, was man thun kann, ist, daß man die Triebe schärft und reizt, ein vortreflicher Mensch zu werden, und ihnen die eigne Arbeit so viel wie möglich dabey erleichtert. Alle Natur, wenn sie groß und herrlich werden soll, muß freye Luft haben. Freylich muß der Stoff dazu in den Urkräften liegen; und ein guter Erzieher sollte doch einiger maßen die Vortreflichkeit der Pflanzen kennen. Jeder gewaltige Geist wirft schon in der Kindheit, obgleich noch im Chaos und Nebel, helle Strahlen von sich. Alkibiades legt sich als spielender Knabe Wagen und Ochsen in den Weg, zwingt den Treiber zu halten; Scipio erkannte den künftigen Marius im jungen Soldaten."[118] Das Vorbild Rousseau ist unverkennbar – man vergleiche dazu etwa den dritten Brief im fünften Teil der ›Nouvelle Héloïse‹. Die Natur wolle, heißt es dort, „daß Kinder Kinder seien, ehe sie erwachsene Menschen werden. Wenn wir diese Ordnung umkehren wollen, so werden wir vorzeitige Früchte hervorbringen, die weder Reife noch Geschmack haben werden und binnen kurzem verderben; wir werden junge Doktoren und alte Kinder haben."[119] Campe hat dann dieser Lehre im übrigen einen eigenen Aufsatz gewidmet,[120] dessen Ausführungen im ›Revisionswerk‹ wiederaufgenommen wurden,[121] das Hölderlin, vielleicht über Fellenberg, womöglich kannte. In Rousseaus Roman wird dann noch festgetellt: „Die Vernunft beginnt sich erst nach einigen Jahren zu bilden und wenn der Körper eine gewisse Fertigkeit erlangt hat. Die Absicht der Natur ist also, daß der Körper sich stärke, ehe sich der Geist übe."[122] Kinder verlieren ihre Lebenskraft, wenn sie stets mit Büchern eingesperrt werden.[123] „Ich entschloß mich, meinem Sohn soweit als möglich jeden Zwang zu ersparen, ihm den vollen Gebrauch seiner kleinen Kräfte zu lassen und keine Regung der Natur in ihm zu stören."[124] Es war jedoch nicht diese oder jene Anweisung, die von Rousseau übernommen wurde, vielmehr wurde, bei Heinse, Hölderlin und vielen anderen kritischen Intellektuellen der Zeit, ein allgemeines Freiheitsprinzip rezipiert, die Philosopie des Genfers, der noch nicht von den universitären Teildisziplinen vereinnahmt war, wurde als Ganzes[125] aufgenommen, das Eintreten für das Recht des Kindes auf Selbstentfaltung und das Plädoyer für einen freiheitlichen politischen Zustand waren untrennbar.[126]

Selbstverständlich kann hier nicht eine Rezeptionsgeschichte Rousseaus in Deutschland auch nur skizziert werden.[127] Bekanntlich hat er hier schon früh gewirkt,[128] in der Publizistik wurden seine Thesen diskutiert,[129] Kant beschäftigte sich mit ihm,[130] in der deutschen Literaturgeschichte vom Sturm und Drang bis zur Romantik sind seine Spuren sichtbar.[131] Bei der Erörterung seiner pädagogischen Hinweise wurde nicht immer so sorgfältig gearbeitet wie bei der Auseinandersetzung der Philanthropisten mit dem ›Emile‹,[132] was allerdings insofern verständlich ist, als man sich oft auf seine kulturkritische Position in ihrer – im Detail widersprüchlichen – Komplexität bezog und berief und als er mehr als Verkünder, Seher und Anreger denn als Erziehungsrezeptologe verstanden wurde. Auch auf die Einzelheiten von Hölderlins Rousseauverarbeitung kann nicht eingegangen werden – wie bei keinem anderen Aspekt kann man hier auf die reiche Literatur verweisen; allein über die ›Rhein‹-Hymne mit der bedeutsamen Behandlung Rousseaus liegen einige Arbeiten vor.[133]

Rousseau war für Hölderlin stets der verehrte Seher, dem er gleichen wollte. Der Halbbruder Karl Gok sah diese Nachfolge auch im Persönlichen. 1798 schrieb er an

Hölderlin hellsichtig: „Ich habe schon manchmal Deinen Charakter mit dem Rousseau's verglichen, und ich glaube, Du wirst in dem Wesentlichen selbst die Ähnlichkeit zugestehn müssen, die der Deinige mit dem unseres Lieblings hat. Gerade auch die Liebe zur stillen großen Natur, zur lautersten Wahrheit und zur wahren Freiheit, die jenen großen Mann beseelte, ist auch das Eigentümliche Deines Charakters, aber auch jene Reizbarkeit, die natürliche Folge eines für Empfindung geschaffenen Herzens, die jenem guten Mann so manche Stunde seines Lebens vergellte, ist Dein, und leider auch Dir wird sie noch manchen trüben Augenblick bereiten, und nur der Umgang mit guten biedern Menschen und der Genuß der Freuden der Natur und Kunst kann die Summe derselben verkleinern."[134] War nicht auch die Rolle, die Hölderlin in Frankfurt spielte – die Liebe des Hauslehrers zur Mutter der Kinder –, ein Stück gelebten Rousseaus, der in der ›Nouvelle Héloïse‹ eben dieses Motiv gestaltet hatte? Wies nicht auch die Form des Briefromans ›Hyperion‹ auf Rousseaus Roman, die Gewährsschrift aller Empfindsamen, zurück? Die ›Nouvelle Héloïse‹ war Hölderlin offenbar im französischen Text bekannt, zweimal zitierte er daraus auf Französisch.[135] 1799 plante er, daß in seiner projektierten „poetischen Monatsschrift" – ›Iduna‹ – Rousseau „als Verfasser der Heloise" behandelt werden sollte,[136] 1804 ließ er dem ›Héloïse‹-Übersetzer Le Pique seine Sophokles-Übertragung zukommen.[137] In der Dichtung finden wir viele Nennungen Rousseaus oder Anspielungen auf ihn. Schon in dem wahrscheinlich 1789 entstandenen Gedicht ›An die Ruhe‹[138] zeigt sich die Rousseauverehrung, also noch vor einer intensiven Beschäftigung mit dem Schweizer. Wie in der Ode ›Rousseau‹ des großen Vorbildes Schiller bezog er sich auf Rousseaus Grab; Stäudlin

wird dann auch eine ›Elegie am Grabe des J. J. Rousseau‹[139] dichten. Der ›Hymne an die Menschheit‹ stellt
Hölderlin dann ein Motto aus dem ›Contract social‹ voran;[140] in diesem Zusammenhang spricht er gegenüber Neuffer davon, er habe sich „vom großen Jean Jacque" „ein
wenig über Menschenrecht belehren lassen",[141] was wohl
bedeutet, daß er nun, 1791, den ›Contract social‹ durchge-
arbeitet hat. Die politische Philosophie des ›Gesellschafts-
vertrages‹ blieb für Hölderlin von bestimmender Bedeutung, vor allem für seine Idee einer Volksbildung – die
Parallele zum jungen Hegel ist deutlich.[142] In der um 1800
entstandenen unvollendeten Ode ›Rousseau‹[143] und in der
bald folgenden Hymne ›Der Rhein‹[144] wird des Verehrten
gedacht – es führte zu weit, diese und andere Bezug-
nahmen ausführlich zu referieren. Es können auch nicht
die Abhängigkeiten von Rousseau oder Parallelen, die sich
teilweise in wörtlichen Wendungen zeigen – oder zu zeigen
scheinen –, z. B. im Briefwechsel mit Karl,[145] während der
pädagogischen Tätigkeit bei Charlotte von Kalb,[146] in
Frankfurt,[147] im ›Hyperion‹[148] – aufgeführt werden. Bei
allen partiellen Differenzen, etwa in der Auffassung von
der Notwendigkeit einer rein „negativen" Erziehung,
blieb er Rousseau stets verpflichtet; anders als z. B. Hegel,
der im Laufe der Zeit von seiner Tübinger Rousseaubegei-
sterung abrückte und sich bestimmt von jeder nur „natürlichen" Pädagogik, jeder Art von Pädagogik „vom Kinde
aus" distanzierte.[149] Für Hegel war die Stufe der Kindheit
vor allem etwas im Bildungsprozeß zu Überwindendes;
diese Auffassung war einmal im Hinblick auf sein philosophisches System von Bedeutung, zum anderen war sie
auch, sozialgeschichtlich gesehen, noch Ausdruck einer
älteren Haltung gegenüber „Kindheit", in der das Kind
in erster Linie der Noch-nicht-Erwachsene war. Wie für

Rousseau war auch für Hölderlin „Kindheit" mehr als nur eine Vorstufe des vollkommenen Menschseins, das Kind ist auch Ausdruck der göttlichen Natur, das Motiv des Kindheitsglücks auch ein Zeichen für Sehnsucht nach verlorener Ganzheit, aber auch für Verheißung auf herstellbare Identität mit der Natur. „Kindheit" bedeutet Erinnerung an Lebenserfüllung, an die mögliche Aufhebung der Entfremdung des Menschen von sich selbst. „Kind" bedeutet Mahnung, „Natur" zu bedenken und herzustellen, die Beschwörung von heiler Kindheit fungiert in der Dichtung als Gegenbild zur Zerrissenheit des von der Natur abgefallenen Menschen und weist auf eine Utopie vom ganzen Menschen vor.[150] Diese auf den ersten Blick romantisch-nostalgische Motivgestaltung birgt eine deutliche gesellschafskritische und politische Dimension,[151] in der Nachfolge Rousseaus wird pädagogische und politische Befreiung als ein Ganzes gesehen. Das Besingen der Kindheit ist also bei Hölderlin mehr als nur ein Reflex auf eigenes, biographisch faßbares Ineinsfühlen mit der umgebenden Natur,[152] allerdings auch mehr als ein sich in Dichtung niederschlagender Rousseauismus.

Selbstverständlich spielt auch der Ausdruck nach heimatlicher Geborgenheit eine Rolle: Das Zurückdenken „an längst vergangene Tage", wie Hölderlin im Gedicht für die Großmutter 1798/99 formuliert,[153] bleibt Leitmotiv; die Vorstellung, daß die Seinen zu Hause von unschuldigen Kindern als Zeichen der Hoffnung umgeben sind,[154] berührt tiefste Sehnsucht. Die Verklärung der „Kindheit" ist zweifellos auch persönliche Flucht in die eigene Kindheit und ein Reflex der Angst vor den Anforderungen der feindlichen Umwelt. Neunundzwanzigjährig schrieb er der Mutter: „Ich träume mich gerne etwas jünger, als ich bin, bin auch wohl bei allem Ernste und aller

Bedachtsamkeit oft noch ein rechter Knabe, zu gutmüthig manchmal gegen die Menschen, und das hat immer Empfindlichkeit und Mißtrauen zur Folge."[155] Auch die oft bezeugte Kinderfreundlichkeit Hölderlins – „... keiner war so freundlich gegen uns Kinder, als Hölderlin", schrieb Maria Belli-Gontard in ihren Erinnerungen an ihre Frankfurter Kindheit;[156] „Kinder liebt er sehr", berichtete Waiblinger über den alten Hölderlin[157] – ist wohl teilweise mit einem individuellen Wesenszug zu erklären, beruhte aber auch auf jener ehrfürchtigen Grundhaltung. Sein wie die Kinder ... Dieses Leitmotiv klingt immer wieder an. Schon im frühen Gedicht ›Die Meinige‹ wird an die „Einfalt, Unschuld" der Kinderzeit erinnert,[158] in der Ode ›Einst und Jetzt‹, bereits in Tübingen geschrieben, wird der jetzige trostlose Zustand mit der frohen sorglosen Kindheit in trauter Natur verglichen: „Ihr Stunden meiner Knabenfreude ..."[159]; „Ihr lieben Kinderträume von Größ' und Ruhm ..."[160]. Im Gedicht ›An die Natur‹ (1795) wird das verlorene Naturgefühl der Kindheit beklagt: „Seid gesegnet, goldne Kinderträume ..."[161]

> Da der Jugend goldne Träume starben,
> Starb für mich die freundliche Natur.[162]

In der ersten Fassung der Elegie ›Der Wanderer‹ (1797) wird der heimatliche Garten der Kindheit beschworen, „Wo mit den Pflanzen mich einst liebend mein Vater erzog"[163]. In zwei früheren Fassungen von ›Diotima‹ bringt Hölderlin ihre Bedeutung in Verbindung zu den „Kinderträumen",[164] in der jüngeren Fassung heißt es:

> Und mit jedem Stundenschlage
> Werd' ich wunderbar gemahnt
> An der Kindheit stille Tage,
> Seit ich Sie, die Eine, fand.[165]

„O daß ich lieber wäre, wie Kinder sind!", lesen wir in einem Bruchstück zu einem geplanten Gedicht ›Der Gotthard‹,[166] und in ›Der Frieden‹:

> „Unschuldiger! sind klüger die Kinder doch
> Beinahe, denn wir Alten …"[167]

Im ›Empedokles‹ wird das stille Knabenleben der Zwietracht des Weltgetriebes gegenübergestellt,[168] in einer Variante zur ersten Fassung heißt es:

> „Hätt ich nur meinen Nahmen nie genannt
> Und wär ich lieber, wie ein Kind geblieben."[169]

In der ersten Fassung klagt Empedokles Hermokrates an:

> Ach! als ich noch ein Knabe war, da mied,
> Euch Allverderber schon mein frommes Herz,
> Das unbestechbar innigliebend hieng
> An Sonn und Aether und den Boten allen
> Der großen ferngeahndeten Natur.[170]

Am eindringlichsten wird die heile Kinderzeit und der Gedanke der eigenen Dignität der Kindheit beschworen in ›Da ich ein Knabe war …‹:

> Da ich ein Knabe war,
> Rettet' ein Gott mich oft
> Vom Geschrei und der Ruthe der Menschen …[171]
> Ich verstand die Stille des Aethers
> Der Menschen Worte verstand ich nie.[172]

Den Ausdruck der Sehnsucht nach dem kindlichen Zustand ohne Konflikte, Entfremdung und Antagonismen finden wir etwa auch in ›Hyperions Schicksaalslied‹: „Schicksaallos, wie der schlafende Säugling."[173]

Es ist hier kein Raum, der in diesem Zusammenhang interessanten Frage nachzugehen, wie auch im literarischen Umkreis Hölderlins, vor allem in dem von Stäudlin her-

24

ausgegebenen ›Schwäbischen Musenalmanach‹, die Naturmächte hymnisch angeredet wurden,[174] es kann auch nur angedeutet werden, daß es Parallelen zur Romantik gibt.[175] Das Bild der Kindheit bei Hölderlin berührt sich mit Variationen des Themas bei den Zeitgenossen, bei denen eine Mythisierung der Kindheit zu beobachten ist.[176] Vor allem bei Novalis korreliert die Verherrlichung von „Kindheit" mit der Vorstellung vom goldenen Zeitalter,[177] die Auffassung aus der christlichen Tradition vom Kinde Gottes spielt hier eine Rolle. Im Unterschied zu den meisten dieser verwandten Positionen hat allerdings Hölderlins Darstellung des Motivs eine progressive politische Dimension: So heißt es im ›Hyperion‹: „Daß man werden kann, wie die Kinder, daß noch die goldne Zeit der Unschuld wiederkehrt, die Zeit des Friedens und der Freiheit, daß doch Eine Freude ist, Eine Ruhestätte auf Erden!"[178] Empfindsame Pädagogik und reformerisch-progressives Politikverständnis schließen sich für Hölderlin nicht aus.

2. HÖLDERLIN ALS HAUSLEHRER
BEI CHARLOTTE VON KALB

Nach dem Ende des Studiums suchte Hölderlin „eine gute Hofmeisterstelle"; er fürchtete, das Konsistorium könne ihn, wenn er sich zu lange zu Hause ohne Beschäftigung aufhielte, „bei'm Kopf kriegen" und ihn zu einem Pfarrer auf eine Vikariatsstelle zwingen.[1] Karl Gok erläuterte in seinem Lebensabriß später, den jungen Theologen sei nur die Wahl zwischen dem Vikariat und einer auswärtigen Hauslehrerstelle geblieben.[2] Hölderlin schrieb deshalb im September 1793 in die Schweiz – das Land der Freiheit und die Heimat Rousseaus; auch andere Schwaben, wie Wieland und Reinhard, waren dort Privatlehrer, auch Hegel war dann in Bern. Ein ehemaliger Stiftler[3] sollte bei der Stellensuche vermitteln. Außerdem versuchte Sinclair, den Hölderlin in Tübingen offenbar erst recht flüchtig kannte, ihm in Stuttgart eine Stelle zu beschaffen; entscheidend waren dabei neben „Charakter" und „Aufführung" eine politisch fortschrittliche Einstellung und gute Französischkenntnisse, die bei Hölderlin dem Vernehmen nach vorhanden sein sollten.[4] Dieser hoffte jedoch, durch Vermittlung Stäudlins bzw. Schillers eine Stelle im Hause der Charlotte von Kalb erhalten zu können.[5] Hölderlin glaubte, so dem verehrten Schiller auch räumlich nahe zu sein.[6] Stäudlin, der Hölderlin gegenüber Schiller empfahl, schrieb, Hegel, der für die Stelle in Frage gekommen wäre und der die Schweiz vorgezogen hatte, habe von „der Gegend von Jena" gesprochen.[7] Doch Waltershausen, wo Charlotte von Kalb lebte, lag nicht, wie man in Literaturgeschichten[8] und auch in einschlägiger Literatur[9] lesen kann, bei Jena. Hölderlin hatte dies zunächst angenommen, denn im Prüfungsprotokoll des Konsistoriums vom Dezember 1793 ist der Name „Waltershausen" ausgelassen, aber „bei Jena" vermerkt;[10] die Ortsbezeichnung war Hölderlin wohl entfallen oder nicht bekannt. Aber es handelte sich nicht um die Jenaer Gegend, auch nicht um Waltershausen bei Gotha, sondern um ein kleines Dorf mit Schloß bei Neustadt an der Saale, im fränkischen Grabfeld, im Tal der Milz, südlich des Thüringer Waldes, etwa 25 km südlich von Meiningen und gut 100 km von Jena entfernt. Auch Magenau hatte merkwürdige Vorstellungen über die Lage des Ortes: Er wähnt ihn in Sachsen und „auf des Harzes Höhn"[11]. Erst in Briefen an die Großmutter und den Halbbruder wird Hölderlin dann die Lage klären; vielleicht hat er erst auf der Reise, womöglich erst in Coburg, erfahren können, wohin er verschlagen wurde. Ob er die Stelle so heiß ersehnt hätte, wenn er um die Entfernung zu seinem Schiller gewußt hätte? Wahrscheinlich dachte die Familie an Waltershausen bei Gotha; darauf deutet jedenfalls Karl Goks Bemerkung, Hölderlin habe so in das Land des Großvaters kommen können,[12] der in der Tat aus dem Gothaischen stammte.[13] Der Reiseverlauf, Ende 1793, über Nürnberg, Bamberg und Coburg – statt, was auch möglich war, über Heilbronn, Mergentheim, Würzburg und Schweinfurt – gibt keinen eindeutigen Hinweis darauf, ob Hölderlin die Lage Waltershausens kannte.[14] Diese Unsicherheit wird hier auch deshalb so ausführlich benannt, weil sie die ungewisse Lage der Hofmeister drastisch dokumentieren und quasi versinnbildlichen kann. Aber es gab für diese Pädagogen ohne hergebrachte Absicherung und ohne ständische Fundierung noch ganz andere Unwägbarkeiten,[15] die Hölderlin durchleben sollte.

Charlotte von Kalb (1761–1843), die Tochter des Johann Friedrich Philipp Marschalk von Ostheim (1723–1768), aus den Biographien Schillers und Jean Pauls wohlbekannt, hatte 1783 Heinrich von Kalb (1752–1806) geheiratet, „der in französischen Diensten war, und unter Lafaiette den Amerikanischen Krieg mitmachte", wie Hölderlin an Stäudlin und Neuffer schrieb, „den humansten gebildetsten Mann"[16]. Von 1787 an lebte Charlotte in Weimar, seit Sommer 1792 in Waltershausen. Die Erziehung der früh verwaisten Charlotte fiel zwar in die erste Wirkungszeit Rousseaus, aber selbstverständlich wurde sie keineswegs nach seinen Thesen gebildet, ein unbeschwertes Kinderspiel gab es nicht, die Angsterzeugung war fester Bestandteil dieser Erziehung – Geisterfurcht wirkte im späteren Leben ebenso nach wie Todesahnungen –, Disziplinierung stand im Vordergrund, sie wurde auch im Hinblick auf die spätere passive soziale Rolle der Frau praktiziert. Eine intensive religiöse Erziehung wurde von zwei Theologen vorgenommen, mit zehn Jahren lernte sie lesen und schreiben, religiöse Texte waren bezeichnenderweise die ersten, die sie kennenlernte. Später spielte, gemäß der aristokratischen Tradition, die Lektüre der französischen Klassiker eine große Rolle.[17] Man muß dieses Eingespanntsein der jungen Charlotte kennen, um ihren späteren Willen würdigen zu können, bei der Erziehung ihres 1784 geborenen Sohnes Fritz, Hölderlins Zögling, die neueren Erziehungsmethoden zu beachten.

Hölderlins Engagement ging ein langes Hin und Her voran, das den Ernst zeigt, mit dem hier bei Erziehungsfragen zu Werk gegangen wurde. Diese Überlegungen spiegeln auch den Umstand, daß es nun, um 1790, nicht mehr überall selbstverständlich war, daß sich die Frau in den Fragen, die ihre Kinder betrafen, zurückhielt. Im April 1793 schrieb Charlotte von Kalb nach langer Zeit wieder einmal an Schiller und bat, er möge bei der Wahl eines Hofmeisters helfen; nur seine Menschenkenntnis könne ein „edles Wesen" und „ein offnes gutes Gemüth" erkennen und den finden, der „ein Kind zum guten muthvollen, edlen, denkenden Jüngling" bilden, der „der werdenden Menschheit" ein Vorbild sein könne.[18] Schiller sagte Hilfe zu[19] – 1797 und 1799 wird er von Charlotte wieder wegen der Suche nach einem Privatlehrer für die jüngeren Kinder Edda und August eingespannt werden; auch hier wird sie größten Wert auf die erforderliche individuelle Behandlung legen.[20] Für die Hofmeistersuche 1793 hatte sie ihre Vorstellungen auf einem besonderen Blatt formuliert und die Vorteile der Privaterziehung betont, in der auf die Eigentümlichkeiten des Zöglings eingegangen werden könne.[21] Danach muß sich ein Hauslehrer fragen, ob er „ein Bildner der blühenden Menschheit werden" könne; er darf seinen Zögling „nie ignorieren", muß ihn „kennen lernen, wißen was er an moralischen und Geistesfähigkeiten besizt – was ihm mangelt – was cultivirt was erst endwikelt werden muß, und was die Natur den Zögling ertheilte, besonders zu nützen und auszubilden suchen – das bestimmte originel Carakteristische in jeden Menschen …"[22]. Mit dem jetzigen Hofmeister Münch ist Charlotte sehr unzufrieden,[23] ihr Sohn Fritz ist allerdings, wie sie an Schiller schreibt, „sehr verwiltert, und unwissender als jetzo gewöhnl. Kd. seines Alters sind." Der neue Hofmeister müsse dies wissen, setzt sie hinzu. Sie sucht „einen männlichen selbstständigen Karakter … biegsam um sich zu den Kinde herabzulassen … endlich zu sich zu erheben"[24]. Ob Hölderlin von diesen Qualifikationsmerkmalen von Schiller erfahren hatte? Charlotte erläuterte noch in dem Brief an Schiller in ihrer unnachahmlichen Orthographie, es sei nicht leicht, den jetzigen Lehrer

Münch, der gerade die Universität absolviert habe – „die nullität ist sein Verbrechen"[25] – zu ersetzen; auch einen anderen „etwas Petantischen Cantidaten" habe sie nicht nehmen können.[26] Schiller schlug zunächst einen livländischen Adeligen, Behaghel von Adlerskron, vor, der in Jena studiert und um den er sich schon vorher bemüht hatte.[27] Die Anstellung scheiterte jedoch letztlich am Stand des Kandidaten: Heinrich von Kalb hatte Bedenken, daß ihn, wie Schiller gegenüber Charlotte formulierte, „sein Stand Ihnen gleich setzen und also nicht frey genug auf ihn zu wirken seyn möchte"[28]. Charlotte präzisierte, Kalb sei „mehr als je bestimmt nie einen Menschen seines Standes als Hoffmeister Seines Sohnes zu sehn; angebohrne anerzogne Grundsätze von beyden Seiten; das point d'honneur als Officier alles dis könnte zu Mishelligkeiten, und vielleicht wiederigen Situationen anlas geben ...". Sie fügt hinzu, für sie selbst spielten diese Überlegungen keine Rolle – „mir ist ein Mensch ein Mensch ..." –, schweige dazu aber, weil auch sie von den pädagogischen Fähigkeiten von Adlerskrons eh nicht überzeugt sei.[29]

Nach diesem Fehlschlag erst prüfte Schiller, in der Heimat weilend, den von Stäudlin vorgeschlagenen Hölderlin. Er schrieb Charlotte von Kalb, dem Vernehmen nach habe er gute Kenntnisse in Sprachen und in den notwendigen Fächern.[30] „Er versteht und spricht auch das Französische und ist (ich weiß nicht, ob ich dies zu seiner Empfehlung oder zu seinem Nachtheile anführe) nicht ohne poetisches Talent ..." Sein Äußeres werde wohl gefallen, er habe „Anstand und Artigkeit", seine „Sitten" gelten als gut; „doch völlig gesetzt scheint er noch nicht, und viele Gründlichkeit erwarte ich weder von seinem Wißen noch von seinem Betragen"[31]. Schiller weist dann den Weg, der bei einem zwar unfertigen, aber noch ent-

30

wicklungsfähigen Pädagogen zu gehen sei, und verbindet den Hinweis mit der diskreten Mahnung, Erzieher und Zögling sich nicht selbst zu überlassen: „Ich zweifle nicht, daß er der weitern Ausbildung empfänglich und werth seyn werde, die Sie ihm durch Ihren Umgang geben können, und wenn sich für den lieben Fritz kein Hofmeister findet, der ein gebildeter Mann ist, so ist es schon genug, einen zu bekommen, der bildsam ist. Ich denke immer Sie selbst werden doch, wen Sie auch wählen, das Beßte bey der Sache thun müssen, und die Aufmerksamkeit auf die Bildung Ihres Sohnes wird Ihnen beiden das beste Geschäft sein." Schiller erwähnt auch, „die liberale Behandlung", die Hölderlin von ihr erhoffe, zähle für ihn mehr „als ein großes Salarium".[32] Wichtiger dürfte für den Kandidaten allerdings der ersehnte Kontakt zu Schiller selbst gewesen sein. In der Tat war die Entlohnung – 12 Karolin oder 132 Gulden Mindestgehalt – sehr spärlich, vor allem im Vergleich zu den hohen Erwartungen.[33] Es dauerte noch eine ganze Weile, bis Hölderlin sicher war, die Stelle zu erhalten; die Familie von Kalb hatte vor allem auch noch dem alten Hofmeister mit Anstand den Abschied zu geben. Die damit verbundenen Wirrnisse gipfelten darin, daß Hölderlin am Ende früher in Waltershausen ankam, als von Charlotte gewünscht, und – eine peinliche Situation – mit dem ahnungslosen Vorgänger zusammentraf.[34]

Hölderlin war mit seiner Lage sehr zufrieden. Der Mutter beschrieb er die Freundlichkeit des Majors von Kalb – Charlotte hielt sich im Januar 1794 noch in Jena auf – und den Tagesablauf; der Zögling sei „ein guter gescheider schöner Bube"[35]. Dieser sei dazu geschaffen, bemerkte er gegenüber der Schwester, „nach humanern Grundsäzen der Erziehung gebildet zu werden"[36], und er zitierte Charlotte, die ihm geschrieben hatte, er erzeige „der Menschheit einen Dienst durch die Bildung eines ächten denkenden Menschen"[37]. „Mein lieber Zögling hängt an mir, wie an einem Vater oder Bruder", erklärt er nach zwei Monaten Dienst der Großmutter. „Ich dachte mir nie die Seeligkeit, die in dem Geschäfte eines Erziehers liegt. Das kleinste Gute, das ich in ihm pflanze, wird durch seine grosen Folgen eine Unendlichkeit von Seegen. Dieser Gedanke stärkt mich unendlich in meinen Bemühungen."[38] Im April schilderte er gegenüber der Mutter ausführlich die gepflegte und heitere Atmosphäre im Kalbschen Hause, erwähnte auch, daß er gelernt habe, sich seiner alten Scheu in Gesellschaft zu entledigen, artikulierte die Aussicht, im nächsten Winter in Weimar Goethe und Wieland zu treffen und ist überzeugt, dort auch einen Sohn Herders unterrichten zu können.[39] „Mein Unterricht hat den besten Erfolg. Es ist gar keine Rede davon, daß ich auch nur Einmal die gewaltsame Methode zu brauchen nötig hätte, eine unzufriedene Miene sagt meinem lieben Fritz genug, und nur selten braucht er mit einem ernsten Worte bestraft zu werden."[40] „Die junge schöne Seele hat meine ganze Liebe", schreibt er wenig später der Mutter – die Wirkung der Lektüre von Schillers ›Über Anmut und Würde‹ ist offenkundig. Er habe zu Ostern „wieder gepredigt", bemerkt er, und an eine berufliche Veränderung sei nicht zu denken – offenbar hatte sie ihm von einer Stelle geschrieben.[41] Wenig später wiederholt er, um seiner „Bildung" willen könne er auf eine „so frühe Versorgung" nicht eingehen und „in eine Stelle der bürgerlichen Gesellschaft" nicht eintreten.[42] Charlotte von Kalb war des Lobes voll: An Charlotte von Schiller schrieb sie im Sommer: „Wenn je Fritz ein hoffnungsvoller Knabe wird, so ist er es einzig durch ihn! Er ist einsichtsvoll und unablässig thätig in seinem Beruf."[43] Und an Karoline Herder: „Er sucht das Nachdenken seines Zöglings in wachsamer Thätigkeit zu erhalten, und sicher wird er alles aus seinem Unterricht entfernen was totes Eitles oder Wortwissen bedeutet. Übrigens läßt er ihn die Volkomenste Freiheit und sucht nur das von ihm zu entfernen (durch eigne entsagung) was ihm moralisch oder Physisch schaden könnte, freilich bestimmt durch lage und Einsicht."[44] Auch gegenüber Schiller hebt sie, im Spätsommer, Hölderlins Qualifikation als Lehrer hervor: Ihr Fritz werde „nicht mit unnüzem Wissen – und Klingwerk angepfropft – noch mit unlautern Grundsätzen", seiner Natur werde Rechnung getragen. Wenn jemand unzufrieden sei, sei es Hölderlin selbst, und zwar mit sich.[45] An seine Mutter schreibt sie im August, sie wünsche ihn noch einige Jahre als Erzieher,[46] und an Goethe bald darauf, er sei „Einsichtsvoll Gewissenhaft Thätig in seinem Beruf", und sie werde ihn mit Fritz nach Jena schicken, damit er sich dort weiterbilden könne.[47] Charlotte von Kalb litt selbst sehr unter der Abgeschiedenheit Waltershausens.[48] Hölderlin erkannte, trotz des Wunsches, mit den Großen in Weimar und Jena zusammenzutreffen, den Vorteil, im „engen Zirkel"[49] sich zu besinnen – auch in diesem Punkt scheint Rousseau zu wirken. Auch die Hervorhebung der Tatsache, daß sein Zögling ein keineswegs exzentrisches Kind sei, erinnert an den ›Emile‹. Im Juli schreibt er an Neuffer: „Mein Junge ist recht guter Art, ehrlich, frölich, lenksam, mit gutzusammenstimmenden, auf keine Art exzentrischen Geisteskräften, und vom Köpfchen bis auf die Füße bildschön."[50] Die Zitate zeigen, wie problematisch es ist, wenn man Hölderlin immer wieder die Fähigkeit zum Erzieher schlankweg abspricht.

Sein Selbstverständnis als Pädagoge legte Hölderlin in

einem gewichtigen Brief vom März 1794 an Schiller nieder,[51] der ihm die Stelle ja vermittelt hatte und dem er, wie er schreibt, versprochen hatte, „der Menschheit Ehre zu machen in meinem jezigen durch die Folgen so ausgebreiteten Wirkungskreise". Der aufklärerische Glaube an die Allmacht der Erziehung ist ungebrochen: „Meinen Zögling zum Menschen zu bilden, das war und ist mein Zwek. Überzeugt, daß alle Humanität, die nicht mit andern Worten Vernunft heißt, oder auf diese sich genau bezieht, des Namens nicht werth ist, dacht' ich in meinem Zögling nicht früh genug sein Edelstes entwikeln zu können. Im schuldlosen Naturstande konnt' er jezt schon nimmer sein, und war auch nimmer drinn. Das Kind konnte nicht so gehütet werden, daß aller Einfluß der Gesellschaft auf seine erwachenden Kräfte abgeschnitten worden wäre. Wenn es also möglich war, es jezt schon zum Bewußtsein seiner sittlichen Freiheit zu bringen, es zu einem der Zurechnung fähigen Wesen zu machen, so mußte diß geschehen. Nun hat es zwar für jezt, wie mir scheint, für die erweiterten moralischen Verhältnisse schwerlich eigentliche Rezeptivität, aber doch gewiß für die engern, worunter das des Freundes zum Freund' in meinem Falle das einzige anwendbare war. Ich suchte nicht seine Gunst. Daß er um die meinige sich nicht bewarb, sucht' ich auch zu verhüten, und die Natur bedurfte hier keines großen Widerstandes. Ich folge aber dem Zuge meines Herzens, der in guten Stunden mich recht innig mit der frölichen regsamen und bildsamen Natur des Knaben verbrüderte. Er verstand mich, und wir wurden Freunde. An die Autorität dieser Freundschaft, die unschuldigste, die ich kenne, sucht' ich alles, was zu thun oder zu lassen war, anzuknüpfen. Weil aber doch jede Autorität, woran des Menschen Denken und Handlen angeknüpft wird, über kurz oder lange grose Inkonvenienzen mit sich fürt, wagt' ich allmälig den Zusaz, daß alles, was er thue und lasse nicht blos um seinet und meinetwillen zu thun oder zu lassen sei, und ich bin sicher, wenn er mich hierinn verstanden hat, so hat er das höchste verstanden, was noth ist."[52] Erst wenn man die Wendungen in diesem Brief an Schiller mit den zitierten früheren Äußerungen Hölderlins und den Erwartungen Charlotte von Kalbs in Beziehung setzt, wird die Akzentsetzung deutlich. Die Bezugnahme auf Rousseau ist unverkennbar: Hölderlin artikuliert das Problem, daß sein Zögling, entgegen dem Entwurf im ›Emile‹, von dem „Einfluß der Gesellschaft" schon negativ berührt ist und sich in dem „schuldlosen Naturstande" nicht mehr befindet. Auch die Herausstellung des Prinzips der reinen Menschenbildung weist auf Rousseau zurück und dokumentiert Hölderlins Teilhabe an den aufklärerischen Grundgedanken des Zeitalters. Es ist auch nicht der Einfluß von Kants Postulat nach Erziehung zur Mündigkeit und Sittlichkeit zu übersehen, und es bedarf kaum der Erläuterung, daß sich Hölderlin in seinem Brief auf Schillers Kantinterpretation bezieht. Man könnte geneigt sein, die Passage „dacht' ich in meinem Zögling nicht frühe genug sein Edelstes entwikeln zu können" als „Überwindung" der Rousseauschen Forderung nach Reifenlassen und Zeitgeben durch ein disziplinierendes Prinzip der Sittlichkeitserziehung zu interpretieren. Aber immerhin ist von „entwickeln" die Rede. Hölderlins Versuch der Vermittlung der Theorie des Wachsenlassens mit dem Gedanken der Führung ist auf dem Hintergrund seiner konkreten Aufgabe in Waltershausen 1794 zu sehen, die selbstverständlich keinen reinen Rousseauismus zuließ.

Gegen Ende des Jahres 1794 verspürte Hölderlin dann immer deutlicher die Differenz zwischen bildungsphilosophischem Anspruch und erzieherischer Wirklichkeit. Von Oktober an entwickelten sich Unmut und Reizbarkeit. Hing dies mit seinem Verhältnis zur Gesellschafterin Charlottes, der 1772 geborenen Wilhelmine Marianne Kirms, zusammen, jener verwitweten „Dame von seltnem Geist und Herzen", die nicht nur Kant las, sondern auch „eine ser interessante Figur" hatte?[53] War Hölderlin der Versuchung erlegen, vor der man in der zeitgenössischen Literatur[54] eindringlich warnte, hatte der Hauslehrer, wie hier gefordert, seine Leidenschaften nicht zähmen können? Mitte Juli 1795 jedenfalls brachte Frau Kirms dann eine Tochter zur Welt, und zumindest in Meiningen, wohin sie gezogen war, im Haus des Hofrats Heim, war man überzeugt, daß Hölderlin der Vater war.[55] Im übrigen verkehrte auch Jean Paul in der Familie Heim, und es scheint wahrscheinlich, daß er später Charlotte von Kalbs Hinweis auf den Rang Hölderlins[56] auch deshalb ignorierte. Im Oktober 1794 klagte Hölderlin gegenüber Neuffer über seine pädagogische Erfolglosigkeit infolge der „ser mittelmäsigen Talente" des Zöglings und der „äußerst fehlerhaften Behandlung in s. frühern Jugend"; er deutet auch noch „andere Dinge" an, womit er ihn verschonen wolle.[57] Zwei Wochen später schreibt Charlotte an Schiller, Hölderlin beachte zu wenig die körperliche Bewegung bei Fritz, vernachlässige die Stärkung des Selbstvertrauens; die Unterrichtung ihres Sohnes sei allerdings schwierig, er habe „würklich wenig geistes kräfte;" er solle ja aber auch nur „brauchbar", nicht „gelehrt" werden. Und: Hölderlin sei „sehr empfindlich" und „etwas überspannt, – u. so sind auch vielleicht seine Foderungen an das Kind".[58] Anfang November zog Hölderlin mit Fritz von Kalb nach Jena. Angesichts der Chance, mit Schiller zu sprechen und Fichte zu hören, wird die Erziehungsaufgabe immer mehr zur lästigen Pflicht.[59] Im Dezember schreibt Charlotte an Schiller, ihr Mann habe die Absicht, das Verhältnis zu Hölderlin zu klären und gegebenenfalls einen anderen Lehrer anzustellen. Sie bittet um Schillers Hilfe in der delikaten Angelegenheit und sorgt sich um Fritz, denn aus Jena wird eine „äuserst harte Behandlung" des Sohnes durch Hölderlin gemeldet, der grenzenlos empfindlich sei – „mann meynt würklich das eine Verworrenheit des Verstandes diesem Betragen zu grunde liegt".[60] Mitte Januar 1795 meldet sie dann Schiller, daß der unstete Hölderlin – „Es ist ein Rad welches schnell Läuft!!" – sein Amt aufgegeben hat; wahrscheinlich habe er geahnt, daß sie sich in Weimar niederzulassen plane, und er wolle in Jena, in der Nähe Schillers und Fichtes, bleiben. Sie spricht von Antipathien zwischen Lehrer und Kind und erwähnt auch die „Unart" ihres Fritz, die man bis jetzt noch nicht habe verhindern können.[61]

Diese „Unart", die Hölderlin schon im Oktober 1794 gegenüber Neuffer andeutete – „andere Dinge" –, bezog sich auf ein die Zeitgenossen bedrückendes Problem: die Onanie. Ihre Entdeckung beim Zögling bedeutete im Verständnis der Zeit ein schockierendes Erlebnis, da man allgemein annahm, daß sie Epilepsie, Dummheit, Stumpfsinn, Rückenmarksschwindsucht usw. bewirken werde. Regelrechte pädagogische Feldzüge wurden gegen die „Selbstschwächung" und die „Unzuchtssünden der Jugend" geführt: Schon Rousseau hatte im ›Emile‹ dringend geraten, die Jungen streng zu überwachen,[62] etwa ein Zehntel des Campeschen ›Revisionswerkes‹ war dem Thema gewidmet, in langen Abhandlungen wurde hier – von J. F. Oest und Villaume (1787) – ständige Beaufsichtigung, auch in der Nacht, gefordert,[63] auch in die Jugendliteratur fand das Motiv Eingang,[64] Jean Paul, ansonsten kein Jugendbuchautor, trug seinen Teil zur Warnung vor unvorhersehbaren Folgen exakt in der Zeit bei,[65] in der sich Hölderlin der leidigen Aufgabe zu stellen hatte, Fritz von Kalb durch Ablenkung und stetige Überwachung von der vermuteten Selbstzerstörung abzuhalten. Im Januar 1795 schrieb Hölderlin an Neuffer: „Ich sah, wie sich das Kind mit jedem Tage mer verdarb, und konnte nicht helfen, wahrscheinlich hätt' es auch ein vollkomnerer Erzieher nicht gekonnt. Wir kamen hieher, ich verläugnete beinahe meine Wünsche, den hiesigen Aufenthalt zu benüzen ganz, nur um das Äußerste an meinem Zöglinge zu versuchen; ich wagte meine Gesundheit durch fortgeseztes Nachtwachen, denn das machte sein Übel nötig, und ich wollte auch so den verlornen Tag zum Theil ersezen, oft schien es mir zu gelingen, aber es folgten nur traurigere Rezidive, und ich fieng auch an, auf eine gefährliche Art an meinem Kopfe zu leiden, durch das öftere Wachen, wohl auch durch den Verdruß."[66] Sehr ausführlich schilderte er seiner Mutter seinen Leidensweg: Es habe ihn nicht gestört, daß sein Zögling „bei einer mittelmäßigen Naturanlage" bei Dienstantritt unwissend war. „Daß aber eine gänzliche Unempfindlichkeit für alle vernünftige Lehre, womit ich auf seine verwilderte Natur wirken wollte, in ihm war, daß hier weder ein ernstes Wort Achtung, noch ein freundliches Anhänglichkeit ans Gute hervorbrachte, war für mich freilich eine bittere Entdeckung." Kein Wort also mehr von „schöner Seele" und dergleichen. Anfangs, fährt er fort, habe er Fritz' „Verstocktheit" auf die „Prügelmethode" zurückgeführt, die vor seiner Tätigkeit „bis zum höchsten Exzeß gegen ihn ausgeübt wurde". Oft habe er ihn zum Lernen ermuntern können, dann sei er, Hölderlin, wegen seiner Fähigkeiten bestaunt worden, auch vom Dorfpfarrer, der auch schon an Fritz verzweifelt war. Dann sei das Kind wieder „in die höchste Stumpfheit und Trägheit" zurückgefallen. Der Major von Kalb habe schon auf sein „Laster" aufmerksam gemacht, er selbst habe, „zum Theil auch durch sein Geständnis", mehr als befürchtet entdeckt. „Ich lies ihn keinen Augenblick beinahe von der Seite, bewachte ihn Tag und Nacht aufs ängstlichste, sein Körper wie seine Seele schien sich zu erhohlen, u. ich hofte wieder. Aber er wußte am Ende meiner Aufmerksamkeit doch zu entgehen, und seine Verstoktheit, die Folge jenes Lasters, stieg besonders zu Ende des Sommers zu einem Grade, der mir beinahe auch meine Gesundheit, alle Heiterkeit, und so auch meinen Geisteskräften ihre gehörige Tätigkeit raubte." Hölderlin schildert dann seine Ratlosigkeit. In Jena sei es ihm gelungen, durch „fast beständiges Nachtwachen, und die dringendsten Bitten und Ermahnungen, und durch gerechte Strenge", zeitweilig „das Übel seltner zu machen". Aber erneuter Rückschlag habe seine Gesundheit und sein Gemüt wieder angegriffen. „Das ängstliche Wachen bei Nacht zerstörte meinen Kopf, und machte mich für mein Tagwerk beinahe unfähig." Hölderlin schildert dann bewegt das Leiden der Betroffenen, das Einschalten von Ärzten, seinen seelischen Zustand. Charlotte von Kalb, erwähnt er noch, wolle in Weimar keinen Hofmeister mehr anstellen, nur noch einen Hauslehrer; er selbst spricht von einer neuen Hofmeisterstelle „in der Schweiz oder sonst", nach der er sich umsehen wolle.[67] Es ist darüber spekuliert worden, ob Hölderlins Verhalten in dieser Situation ein Zeichen sich ankündigender Schizophrenie war[68] oder darüber hinaus als Hinweis auf einen vermuteten pädophilen Hang gewertet werden muß.[69] Wie dem auch gewesen sein mag, seine hilflose und teilweise panische Reaktion auf das exzessive Masturbieren seines Zöglings wird durchaus verständlich, wenn man die Angst der Zeit vor den Folgen kennt, eine Angst, die schlicht aus dem Stand der medizinischen Forschung entsprang. Hölderlins Ratlosigkeit war nichts als Reflex der generellen Verstörtheit der Pädagogen, Eltern, Mediziner usw.

Bemerkenswert ist, daß Charlotte von Kalb Hölderlins Resignation mit der Praxis der Hofmeisterei in Beziehung setzte, also nicht nur seinen „Fall" psychologisch, sondern auch soziologisch zu begreifen suchte. An Schiller schrieb sie, als die Trennung ausgesprochen war: „ich weiß nun mehr in wie fern Privat erziehungen anwendbar sind",[70] und an Hölderlins Mutter, man solle, sofern der Staat „gute Formen" habe, diese benutzen, und wenn sie, d.h. die öffentlichen Schulen, sich, ebenso wie die Eltern, besserten, würden die Privaterziehungen aufhören. Dies konnte man schon in Lenz' ›Hofmeister‹ lesen, das Thema wurde in dieser Zeit immer wieder diskutiert. Hölderlin, erläutert Charlotte, sei zur Wirkung ins Große prädestiniert und zu schade für die Hofmeisterei. Er müsse sich „so bilden das er einst zum Vorteil des algemeinen guten und schönen mitwirken kann! – Es wäre der ärgste Raub gewesen wenn ich ihn in dieser Laage – das Kind an Ihn, u. Ihn ans Kind hatte länger fesseln wollen." Sie wünsche nicht, daß er noch einmal Hofmeister werde. „Sein Geist kann sich zu dieser kleinlichen Mühe nicht herablassen. – Oder vielmehr sein Gemüth wird zu sehr davon afficirt. – es giebt sonderbare Erscheinungen an der Menschlichen Natur warum nicht auch an der Natur der Kinder! – ich möchte selbst kein fremdes Kind erziehen."[71] Charlotte ließ dann in der Tat ihren Sohn Fritz auf dem Weimarer Gymnasium bilden; er wurde, nebenbei bemerkt, später preußischer Offizier und starb, achtundsechzigjährig, 1852.[72] Ihrem Vorsatz, kein fremdes Kind bilden zu wollen, blieb sie allerdings nicht treu: Seit 1800 plante sie, ein Erziehungsinstitut für Mädchen zu gründen. Schiller gegenüber legte sie ausführlich ihr Programm dar – eine interessante Quelle für die Geschichte der höheren Mädchenbildung, die aus Raumgründen hier nicht vorgestellt werden kann.[73] Schiller blieb dem Plan gegenüber ebenso skeptisch wie z. B. auch Jean Paul.[74] Als Charlotte 1801 wieder an Hölderlin schrieb und bemerkte, sie könne an ihn demnächst vielleicht „eine bedeutendere Frage" richten,[75] hatte sie ihn möglicherweise als Lehrer an ihrem projektierten Institut im Auge.[76]

Während seines Aufenthaltes in Jena konnte Hölderlin seine pädagogischen Interessen insofern vertiefen, als er durch seinen Umgang mit den Mitgliedern der „Gesellschaft der freien Männer" auch an Diskussionen über Bildungsfragen teilhaben konnte. Hier wirkte Fichte, auch durch seine Person, hier herrschten die Ideen der Französischen Revolution, die kritische Philosophie mit ihren pädagogischen Implikaten.[77] Der Schweizer Pädagoge Johann Rudolf Fischer (1772–1800) war ebenso eines der 45 Mitglieder wie Johann Friedrich Herbart (1776–1841), der mit Hölderlin persönlich allerdings nicht bekannt wurde.[78] In den Zusammenkünften der „freien Männer" wurden auch Themen aus dem Gebiet der Pädagogik behandelt, und auch wenn dies erst nach Hölderlins Weggang aus Jena Ende Mai 1795 geschah, dokumentiert diese Tatsache doch die generelle Wertschätzung einschlägiger Fragen.[79] Es mag sein, daß Hölderlins Plan vom Januar 1795, den er Hegel mitteilte, das Thema der „Volkserziehung" zu bearbeiten,[80] durch diesen Diskussionskreis bestätigt wurde. Im übrigen konnte auch seine Bekanntschaft mit Niethammer, der ihn in dieser Zeit zur Mitarbeit an seinem ›Philosophischen Journal‹ aufgefordert hatte,[81] das pädagogische Interesse anregen[82]. Einige der „freien Männer" versuchten dann, nach ihrer Jenaer Zeit, ihre Ideale als Pädagogen zu verbreiten: 1797 z. B. zogen zwölf von ihnen nach der Schweiz, dem Land Rousseaus und Pestalozzis, unter ihnen Herbart und Hölderlins Freund Casimir Ulrich von Boehlendorff (1775–1825).[83] Boehlendorff, der aus Kurland stammende Schweiz-schwärmer,[84] erhielt seine erste Hauslehrerstelle in Bern, wo er zu Herbart Kontakt hatte, dann verschlug es ihn an den Genfer See; auch zu Fellenberg hatte er Verbindung. Seine unglückliche Situation als psychisch gefährdeter Hofmeister weist einige Parallelen zu Hölderlin auf, sein Verlorenheitsgefühl angesichts des sinnleeren und oberflächlichen Getriebes der feinen Welt[85] spiegelt auch die typische Rolle des Hofmeisters, des gebildeten Domestiken, wider.

Auch Hölderlin war nach dem Scheitern der pädagogischen Tätigkeit bei den Kalbs keineswegs grundsätzlich abgeneigt, eine neue Stelle anzunehmen. Noch im Februar 1795 sprach er gegenüber der Mutter von einer bei dem Kopenhagener Justizrat Brun, der die dortige Ostindische Compagnie leitete und mit der Schriftstellerin Friederike Brun verheiratet war; er hoffte, dadurch zu einer Italien- und Schweizreise zu kommen.[86] Im März betonte er, eine Stelle, die er annehmen werde, müsse „ser günstig seyn"[87]. Bald darauf schrieb Freund Sinclair an Franz Wilhelm Jung aus Jena, er habe, was Hölderlin angehe, an die Betreuung der Söhne des Homburger Landgrafen gedacht.[88] Im Mai vermeldete er der Mutter, ein Frankfurter, den er kennengelernt habe, könne ihm eine Stelle bei einem holländischen Kaufmann in Offenbach vermitteln; vier Söhne seien zu erziehen, tausend Gulden pro Jahr zu verdienen.[89] Zwar war dann von dieser „Tausendguldenhofmeisterstelle", deren Attraktivität angesichts der hundert Gulden, die Hölderlin zu dieser Zeit für den ›Hyperion‹ erhielt,[90] verständlich ist, nicht mehr die Rede, dennoch verschlug es Hölderlin in diese Gegend: Durch Initiative Sinclairs war er mit dem Frankfurter Arzt, Naturforscher und Reiseschriftsteller Johann Gottfried Ebel (1764–1830),[91] in Heidelberg, zusammengetroffen, und dieser verschaffte ihm seine nächste Stelle in Frankfurt. Auch von Goethe geschätzt,[92] stand Ebel in Verbindung zu Fichte,[93] teilte die politischen Ansichten Jungs und Sinclairs,[94] kannte Fellenberg[95]. Ganze Generationen hatten mit Anleitung der Schweiz-Bücher Ebels das gelobte Land besucht,[96] auch Hölderlin konnte dann z. B. seine Kenntnisse über den Thurgau aus Ebel beziehen.[97] Ebel machte in seinen Schriften keinen Hehl aus seiner Vorliebe für Rousseau[98] und aufklärerisch-progressive Politik[99]. Auch Jung war z. B. Rousseau-Verehrer und hat den ›Contract social‹ übersetzt.[100]

Bis Hölderlin seine Aufgabe in Frankfurt wahrnehmen konnte, gab es das in diesen Dingen übliche Hin und Her. Anfang September 1795 konnte er davon ausgehen, daß er den Zuschlag erhielt,[101] aber während der Wartezeit ergab sich, durch Vermittlung Neuffers, die Möglichkeit, in Stuttgart im Hause des Professors Friedrich Jakob Ströhlin (1743–1802) eine Stelle zu übernehmen; später wurde von Ströhlin, entfernt mit Hölderlin verwandt, die Stelle in Bordeaux verschafft.[102] Im November legte der wartende Hölderlin dem geschätzten Ebel dann seine Lage als ein vom Konsistorium abhängiger Kandidat dar: „Es ist Ihnen wohl unbekannt, wie sehr wir Würtembergischen Theologen von unserm Konsistorium dependiren; unter anderem disponiren diese Herrn auch über unsern Aufenthalt. Weil ich nun nicht gerade in einer öffentlichen

Beschäfftigung begriffen bin, so muß ich erwarten, mit nächstem, besonders, da die Weinachtsfeiertage heranrüken, zu einem Pfarrer geschikt zu werden, um ihn zu unterstüzen, wenn ich nicht indeß oder doch unmittelbar nach diesem Termin irgend ein ander legitimes Verhältniß eingehe."[103] Seinem alten Freund Hegel schrieb er, er fühle sich von den Frankfurtern hingehalten; er wäre gerne mit Hegel zusammen nach Frankfurt gegangen.[104] An Neuffer wandte er sich im Dezember: „Ich weiß mir nicht zu helfen, wenn ich bis Sonntag keinen Brief von Frankfurt erhalte. Denn ich zweifle ob mich unsere Herren in Stutgard werden in Ruhe lassen, und so viel ich Dich verstehen konnte, wird aus der Stelle in Ströhlins Hauße schwerlich etwas. Wär' ich doch geblieben, wo ich war. Es war mein dummster Streich, daß ich ins Land zurükgieng. Jezt find ich hundert Schwierigkeiten nach Jena zurükzugehn; man konnte mir keine Gewalt anthun, wenn ich blieb, jezt müßt' ich Wunderdinge hören, wenn ich wieder hin wollte."[105] Doch der ersehnte Brief kam noch rechtzeitig, das Konsistorium stimmte zu,[106] und Hölderlin konnte gegenüber Ebel seinen Willen bekunden, an sich zu arbeiten, um zur Zufriedenheit der Familie Gontard wirken zu können: „Versichern Sie Ihre Freunde zum voraus, daß sie Schlaken genug, natürliche und unnatürliche, ursprüngliche und zufällige, von mancher schlimmen Lage mir aufgedrungene Untugenden an mir bemerken werden, daß ich aber Muth und Willen genug habe, auch durch ihr Mißfallen belehrt, gebessert zu werden."[107]

3. HÖLDERLIN IN FRANKFURT

Vor seinem Engagement in Frankfurt legte Hölderlin in einem bedeutsamen Brief an Ebel Rechenschaft über die Prinzipien ab, die ihn dort leiten sollten.[1] Es handelt sich um den gewichtigsten zusammenhängenden Text Hölderlins über Pädagogik überhaupt[2] und um eines der wesentlichsten Zeugnisse für die Rezeption Rousseaus in Deutschland. Diese Zeilen, die man als pädagogisches Glaubensbekenntnis lesen kann, werden allerdings gewiß falsch interpretiert, wenn man nicht beachtet, daß Hölderlin eine ganz bestimmte Situation vor Augen hat: die des Hauslehrers eines achtjährigen Bankierssohnes im Frankfurt des Jahres 1795. Was schon für den Brief an Schiller vom März 1794 galt, daß das pädagogische Vorhaben im Hinblick auf eine spezifische Lage formuliert wurde, eine Lage, die bei Fritz von Kalb reinen Rousseauismus überhaupt nicht zuließ, trifft in anderer Hinsicht auch hier zu.

An den Beginn seiner pädagogischen Sentenzen setzt Hölderlin die These, „daß in unserer jezigen Welt die Privaterziehung noch beinahe das einzige Asyl wäre, wohin man sich flüchten könnte mit seinen Wünschen und Bemühungen für die Bildung des Menschen". Nur diese Chance habe ihn nach seinem Fehlschlag bei Charlotte von Kalb dazu bewogen, sich aufs neue zu engagieren.[3] Man darf nicht übersehen, daß dieser Hinweis auf das Asyl der Privaterziehung in dieser Zeit auf eine brisante politische Diskussion verweist: Seit dem Ende der aufgeklärten Politik Friedrichs des Großen hatten viele politisch progressive Pädagogen und Publizisten ihren Glauben revidiert, daß sich innerhalb des aufgeklärt-absolutistischen Staates Bil-

45

dungsreformen durchführen ließen, und hatten, auch beeinflußt durch die Erfahrungen nach 1789 in Frankreich, den Wert unbevormundeter Privaterziehung betont.[4] Zweifellos wirkten in dieser Feststellung Hölderlins entsprechende Vorbehalte gegen alles Staatliche aus dem Kreis der Jenaer „freien Männer" nach.

Hölderlin gibt Ebel zu verstehen, daß er aus seinem Jenaer Fiasko gelernt hat: Er erwarte weder von sich noch vom Kind Wunder. Er wisse, „wie viele Inkonvenienzen jede Verfahrungsart in der Erziehung besonders hat", wie oft er hinter seinem Plan zurückbleibe, daß sich die Natur nur stufenweise entwickele, daß man Geduld im Erziehungsgeschäft brauche, daß man, könnte man hinzufügen, seinen Rousseau beherzigen muß. „Man möchte so gerne in sechs Tagen mit seinem Schöpfungswerke zu Ende seyn; das Kind soll oft Bedürfnisse befriedigen, die es noch nicht hat und vernünftige Dinge anhören und fassen, ohne Vernunft! und das macht dann die Erzieher, weil sie auf dem rechten Wege ihre Absicht nicht erreichen, tyrannisch und ungerecht, das macht den Erzieher und den Zögling gleich elend."[5] Hölderlin präzisiert dann seine Gedanken über die Erziehung zur Vernunft, die er im Brief an Schiller niedergelegt hatte.[6] Gegenüber dem Rousseaukenner Ebel argumentiert er mit Thesen, die sich auf die ›Nouvelle Héloïse‹ beziehen.[7] Hier ist zu lesen: „Ein Irrtum, der allen Eltern gemeinsam ist, die sich ihrer Einsicht rühmen, ist, daß sie annehmen, ihre Kinder seien von Geburt an vernünftig, und daß sie mit ihnen wie zu vernünftigen Wesen reden, selbst ehe sie noch reden können. Die Vernunft ist das Werkzeug, welches man anzuwenden gedenkt, um sie zu unterrichten, während doch vielmehr die andern Werkzeuge dazu dienen sollten, jenes zu bilden, und von allen dem Menschen dienlichen Bildungsmitteln gerade die Vernunft dasjenige ist, das er am spätesten und am schwersten erlangt."[8] Hölderlin führt Rousseaus Ansatz weiter und demonstriert, daß es mit bloßem Warten auf das Erscheinen von Vernunft nicht getan, daß die Vermittlung von „Natur" und „Vernunft" kompliziert und von dialektischer Art ist: „Ich würde deswegen von meinem Zöglinge nicht eher ein (im strengen Sinne) vernünftiges Verfahren fordern, bis er Vernunft hätte, bis er einmal zum Bewußtseyn oder Gefühl seiner höhern und höchsten Bedürfnisse gekommen wäre. Würd' ich aber von ihm nicht eher Vernunft fordern, bis er sie hätte, so würd' ich von ihm gar nichts fordern, bis er einmal mir das Recht gegeben hätte, ihn als vernünftiges Wesen zu betrachten. Denn was ich von ihm fordern würde, würd' ich nur um der Vernunft willen fordern, oder wie man das höchste Prinzip, aus dem der Mensch handeln soll, sonst nennen und darstellen will; (denn das werden Sie mit mir voraussezen, daß man vernünftiger weise, wenn man etwas von dem Kinde fordert, nicht an das Prinzip des Handelns appellirt, wie es in irgend einem philos. Systeme dargestellt ist, sondern wie es dem Kinde nach seinen Jahren und seiner Individualität sich darstellen kann)."[9] Im übrigen entspricht dieser Vorbehalt Hölderlins gegen Rousseaus These den kritischen Einwänden der Rousseau-Kommentatoren Campe, Trapp, Ehlers und Reseweitz im ›Revisionswerk‹, die die entsprechende Stelle im ›Emile‹ aufs Korn nahmen.[10] Hölderlin zitiert dann, wohl aus dem Gedächtnis, aus der ›Nouvelle Héloïse‹: „Rousseau hat Recht: la premiere et plus importante education est, de rendre un enfant propre à être élevé."[11] Und dann tiefe Worte über das pädagogische Urthema „Führen" und „Wachsenlassen": „Ich muß das Kind aus dem Zustande seines schuldlosen aber eingeschränkten Instinkts aus dem

Zustande der Natur heraus auf den Weg führen, wo es der Kultur entgegenkömmt, ich muß seine Menschheit, sein höheres Bedürfniß erwachen lassen, um ihm dann erst die Mittel an die Hand zu geben, womit es jenes höhere Bedürfniß zu befriedigen suchen muß, ist einmal jenes höhere Bedürfniß in ihm erwacht, so kann und muß ich von ihm fordern, daß es dieses Bedürfniß ewig lebendig in sich erhalten und ewig nach seiner Befriedigung streben soll." Doch hier markiert Hölderlin seine Differenz zu Rousseau: „Aber darin hat Rousseau Unrecht, daß er es ruhig abwarten will, bis die Menschheit im Kinde erwacht, und indeß sich gröstentheils mit einer negativen Erziehung begnügt, nur die bösen Eindrücke abhält, ohne auf gute zu sinnen."[12] Man muß eine pädagogische Situation erst herstellen, in der das erreicht werden kann, was Rousseau wollte: „Wenn das Kind von einer andern Welt umgeben wäre, als die gegenwärtige ist, dann möchte Rousseau's Methode zwekmäßiger seyn. Mit dieser andern bessern Welt muß ich das Kind umgeben, sie ihm nicht aufdringen, ohne alle Prätension, wie die Natur ihm entgegenkömt, muß ich ihm die Gegenstände zuführen, die groß und schön genug sind, sein höheres Bedürfniß, das Streben nach etwas Besserem oder wenn man will seine Vernunft in ihm zu erweken."[13] Schließlich entwickelt Hölderlin seine aus diesem Entwurf abgeleiteten didaktischen Prinzipien; sie sind mehr für die Familie Gontard als für Ebel verfaßt; er fährt an der Stelle fort: „Ich glaube, daß die Geschichte besserer Zeiten diese Welt des Kindes werden kann, wenn sie mit Auswahl und einer Darstellung behandelt wird, wie sie dem Kinde überhaupt und dem Individuum angemessen ist, das ich vor mir habe, z. B. die römische Geschichte mit dem lebendigen Detaile des Livius und Plutarchs. Ich würde aber das Kind nie fragen, ob es das Gesagte behalten hätte, denn es wäre ja nicht um die Geschichte, sondern um ihre Wirkungen aufs Herz zu thun, und so bald das Kind die Geschichte als ein Mittel zur Gedächtniß oder auch Verstandesübung betrachten müßte, so würde die beabsichtigte Wirkung wegfallen."[14] Einen zwanglosen Unterricht strebt er auch in der Geographie an; er sei, teilt er dem Reiseschriftsteller Ebel mit, durch Reisebeschreibungen zu beleben. Auch Mathematik wird – und dies ist wohl eher wieder an die Frankfurter Bankiersfamilie gerichtet – in seinem Unterricht einen wichtigen Platz einnehmen: „Wenn das Kind täglich bemerken kann, wie die Arithmetik ein wesentlicher Bestandteil nüzlicher Beschäftigungen ist, so wird es auch wohl gerne so etwas treiben, und ich gestehe, daß ich auf diesen Artikel des Unterrichts viel rechne, weil er dem Lehrlinge, wie Mathematik überhaupt, ein Bild strenger Ordnung mehr, wie etwas anderes, giebt."[15] Deutlich rückt Hölderlin von der Sprachbildung ab, die er selbst als Schüler erfahren hat. Zwang ist auch hier abzulehnen, auf Einsicht ist geduldig zu warten. Die auch an der französischen Kultur orientierten Gontards werden gerne die entsprechende Passage gelesen haben: „Das Kind eine Sprache systematisch zu lehren, möchte sehr schwer halten, wenn es geschehen sollte, noch ehe das Kind fähig ist, auf einen freigewählten Zwek hin sich anzustrengen, wo also Zwang und ungerechte Forderungen nicht leicht zu vermeiden wären. Doch kann man sich ja gesprächsweise mit einer Sprache so ziemlich familiarisiren. Das würde wohl zuerst mit der französischen der Fall seyn."[16] Es besteht kein Zweifel: Hölderlin stellt sich als fortschrittlicher Pädagoge vor, der, wie alle „neuern" Erzieher der Zeit, dem Kind gerecht werden, Verfrühung und trockene Gedächtnisübungen vermeiden will, der aber doch, bei allem Verständnis für die Lage des Kindes, den rechten Weg zur Erkenntnis des Sittengesetzes rechtzeitig weisen möchte.

Aus der gut erforschten[17] Zeit Hölderlins in Frankfurt wird in der Folge nur das für die Problematik des Hauslehrertums Relevante herausgegriffen; sein Verhältnis zu Susette Gontard, seiner „Diotima", wird also keineswegs wieder genau geschildert werden. Zunächst scheint Hölderlin nur für den Unterricht Henry Gontards vorgesehen gewesen zu sein. Am letzten Tag des Jahres 1795 schrieb er: „Gestern Abends besuchte mich mein künftiger Zögling, und ich habe für jezt allen Grund, zu glauben, daß er mich in nicht geringem Grade schadlos halten wird für die traurige Zeit, die mir mein ehemaliger machte."[18] Wenige Tage später spricht er gegenüber Karl Gok dann von seinen Zöglingen, „wie man sie wohl nicht leicht wieder finden dürfte, wenn man Unbefangenheit, reine Natur, ohne Rohheit, sucht". Er berichtet noch, er habe bei freier Kost und Wohnung 400 Gulden Gehalt[19] – offenbar wurden die Bedingungen erst in Frankfurt festgelegt – und müsse, da sein Zimmer noch nicht bezugsfertig sei, noch im Gasthaus übernachten.[20] Bald darauf erwähnt er gegenüber Neuffer dann wieder nur Henry: „Ich kann mit durchgängiger Ungebundenheit leben, brauche meinem Zögling, der schon mein ganzes Herz gewonnen hat, durch seine reine freie Unbefangenheit, nur den Vormittag zu widmen ..."[21] Er lebe, betont er, unter „seltnen Menschen";[22] schon an Ebel hatte er, ohne seine Frankfurter Herrschaft kennengelernt zu haben, so geschrieben,[23] gegenüber Schiller wird er die Worte im Sommer bekräftigen.[24]

Wenn man als Maßstab die durchschnittliche Hofmeisterexistenz zugrunde legt, konnte Hölderlin in der Tat zufrieden sein, und Karl Gok konnte später über seinen

Besuch im April 1797 bemerken, er sei „Zeuge des glüklichen Verhältnisses in welchem damals Hölderlin lebte",
gewesen.[25] Durch die Familie Gontard konnte er bedeutende Zeitgenossen kennenlernen, Wilhelm Heinse z. B.
oder den Arzt Sömmering[26], es gelang ihm, wie bekannt,
Hegel nach Frankfurt zu holen, er hatte, wie er an Niethammer schrieb, „viel Muße zu eigener Arbeit"[27] und
konnte z. B. an das Verfassen eines Beitrages ›Neue Briefe
über die ästhetische Erziehung des Menschen‹ denken[28]
– Schillers entsprechende Schrift war kurz vorher erschienen –, er wurde gut bezahlt – in den knapp drei Jahren
seines Dienstes konnte er 500 Gulden sparen, sein Gehalt
war höher als beispielsweise das des Stadtbibliothekars.[29]

Hölderlin war Erzieher in einer der glänzendsten Frankfurter Bankiers- und Kaufmannsfamilien, die, wie hier üb-
lich, mit den anderen angesehenen Häusern durch Versip-
pung verbunden war. Seit einem Jahrhundert waren die
Gontards in Frankfurt ansässig; sie waren als reformierte
Réfugié-Familie 1685 aus Grenoble eingewandert. Der
„weiße Hirsch", die Villa, die von den Gontards bewohnt
wurde, in der Nähe von Goethes Geburtshaus gelegen,
war ein Zentrum großbürgerlicher Geselligkeit, 1797 mie-
tete Hölderlins Patron Jacob Friedrich (genannt „Cobus")
Gontard noch den Hof der Patrizierfamilie von Adler-
flycht.[30] Jacob Friedrich Gontard (1764–1843) hatte 1786
die siebzehnjährige Susette Borkenstein (1769–1802) geheiratet, eine Kusine zweiten Grades, die Tochter des Hamburger Lustspieldichters und Kommerzienrates Heinrich
Borkenstein (1705–1777), die „Diotima" Hölderlins. Im
Gegensatz etwa zu Hegels Frankfurter Arbeitgeber, dem
Kaufmann Gogel, war Gontard alles andere als kunstsinnig. „Les affaires avant tout" war sein Leitmotiv,[31] und
er soll, so wird berichtet, oft gesagt haben: „den Börsen-

51

kurs verstehe ich aufs Haar, aber wie die Kinder geleitet werden sollen oder was sie lernen müssen, das ist nicht meine Sache; dafür muß die Mutter sorgen"[32]. Es ist schwer zu entscheiden, ob dieser Ausspruch mehr auf Desinteresse oder auf Zeitmangel bei Gontard hindeutet. Völlig unberührt von Erziehungsfragen kann er denn doch nicht gewesen sein, sonst wäre ein Besuch in Pfeffels Colmarer Erziehungsinstitut 1791[33] – von der Forschung übersehen – kaum zu erklären. Vier Kinder hatten die Gontards: 1) Friedrich Heinrich, genannt Henry (1787–1816); um dessen Erziehung als künftigen Erben und Geschäftsnachfolger ging es vor allem; 1803/04 lernte er dann in Lausanne den Kaufmannsberuf; man muß diese vorbestimmte Laufbahn im Auge haben, um auch einige Wendungen in Hölderlins Brief an Ebel verstehen zu können; man denke an die Hervorhebung von Mathematik, Geographie und Französisch; 1811 heiratete er eine Kusine zweiten Grades. 2) Henriette („Jette") (1789–1830); 1811 heiratete sie einen Vetter. 3) Johanna Helene („Lene") (1790–1820); seit 1818 war sie mit dem Koblenzer Gymnasialdirektor Christian Heinrich Schlosser vermählt. 4) Friederike Amalie („Maly") (1791–1832). Für die Erziehung der Kinder war 1792 die zwanzigjährige Marie Rätzer aus Bern angestellt worden; ihr Bruder Daniel lieferte Ebel Unterlagen für dessen ›Gebirgsvölker der Schweiz‹;[34] zu der beliebten und gebildeten Marie hatte dann Hölderlin ein gutes Verhältnis.[35] Nach seinem Dienstantritt war sie vor allem für die Mädchen zuständig und blieb bis zu ihrer Heirat 1797 in der Familie.

Nicht nur nach dem Verständnis Cobus Gontards war es in diesem Großbürgertum selbstverständliche Aufgabe der Frau, die Erziehung und den häuslichen Unterricht der Kinder anzuleiten. Man sollte sich hüten, eine solche Bil-

dungsweise, von Mutter und Gouvernante, hier für Fünf-
bis Neunjährige, vorgenommen, von vornherein als min-
derwertigen Notbehelf anzusehen; schließlich findet man
in dieser Tradition der Hausunterweisung, die für die
Mädchen von größerer Bedeutung war als für die Jungen,
sehr oft Bildungswege von hoher Qualität. Dies trifft ohne
Zweifel auch für Susette Gontards eigene Kindheit und Jugend zu.[36] Die Struktur dieser Großbürgerfamilie Gontard zur Zeit von Hölderlins Wirken markiert sehr genau
einen sozialgeschichtlichen Entwicklungspunkt, der für
die Kindererziehung wichtig ist: Es existiert insofern nicht
mehr das „ganze Haus", als der Mann seinen Geschäften
außerhalb nachgeht und, wie bei Cobus Gontard sichtbar,
ganz in ihnen aufgeht, und dies besonders in der politischen und ökonomischen Krisenzeit nach 1795. Damit zu-
sammenhängend, bildet sich, mit der Dame des Hauses,
die für Kultur und Kinder zuständig ist, als Mittelpunkt,
ein für literarische und musische Bildung prädestinierter
intimer Zirkel. Es versteht sich fast von selbst, daß die
Hauslehrer, die, wie auch hier, angestellt wurden, wenn
den Kindern ein systematisch betriebener Unterricht gut
tat, auf diesen häuslich-weiblichen Bereich fixiert waren,
zumal dann, wenn, wie bei Hölderlin und Susette Gontard, literarisch-geistige Interessen zusammentrafen. Man
muß bedenken, daß die Hofmeister schon auf Grund ihrer
Ausbildung in aller Regel für die Geschäftswelt „draußen"
ohnehin keinen Sinn hatten. Insofern hängt Hölderlins
Liebe zu Susette Gontard durchaus mit der spezifischen
Problematik des Hauslehrertums zusammen. Dieses oft
beschriebene Verhältnis, dessen rein biographisch-psycho-
logische Seite hier nicht interessiert, scheint im übrigen
nicht gerade ein Einzelfall gewesen zu sein. Niemeyer jedenfalls warnte 1796, in dem Jahr, in dem Hölderlin seine

„Diotima" fand, in seinem repräsentativen Buch ›Grundsätze der Erziehung und des Unterrichts für Eltern, Hauslehrer und Erzieher‹: „Dass der Hauslehrer vorzüglich viel Delicatesse im Umgang mit der Hausfrau nöthig hat, liegt in der Natur der Sache. Mit jedem zu sehr annähernden Schritt, jedem Suchen des Geheimnisses von ihrer Seite, wird der weise Mann einen Schritt zurücktreten. Er wird sogar je eher je lieber ein Haus verlassen, worin die Ruhe – vielleicht endlich gar die Tugend – zweyer Personen in Gefahr kommt." Niemeyer zitiert dann Goeckingk: „Die Flucht allein macht hier den braven Mann."[37] Es sei daran erinnert, daß z.B. Riemer, Goethes Sekretär, im Hause Humboldt diese „Delicatesse" gegenüber Caroline nicht gezeigt hatte und daß, um in Frankfurt zu bleiben, Fröbels Seelenfreundschaft zu einer anderen Caroline, Caroline von Holzhausen,[38] an Hölderlins Rolle erinnert. Und es sei hinzugefügt, daß auch Wilhelm Heinse, mit dem Hölderlin und Susette verkehrten, in seinen Hauslehrerjahren der Herrin zugetan war.[39]

Um einen Eindruck von der rousseauistisch-empfindsamen Grundstimmung dieser hier praktizierten Pädagogik zu vermitteln, sei auf Heinses kurz vorher erschienenen Roman ›Hildegard von Hohenthal‹ aufmerksam gemacht. Susette Gontard hatte in dieser Zeit ein Exemplar erhalten,[40] und es versteht sich von selbst, daß auch Hölderlin den Roman kannte. Schließlich lebten er und Susette wochenlang mit Heinse – „ein durch und durch treflicher Mensch", urteilte Hölderlin[41] – zusammen. Bekanntlich hatte Heinse, als Bibliothekar und Vorleser des Mainzer Kurfürsten vor den französischen Truppen ebenso fliehend wie, auf Geheiß Gontards, Susette, ihre Kinder, Hölderlin, Marie Rätzer und zwei weibliche Vewandte, diese auf die Reise nach Bad Driburg begleitet.[42] Es wäre verwunderlich, wenn in den Gesprächen während der fast vierteljährigen Abwesenheit von Frankfurt nicht auch Heinses pädagogische Prinzipien eine Rolle gespielt hätten. Heinse, dessen ›Ardinghello‹ ja schon erwähnt wurde, der bereits 1770 gegenüber Gleim seine eigene in den traditionellen Bahnen verlaufende Erziehung beklagt[43] und 1772 seine unkonventionellen Grundsätze als Hauslehrer geschildert hatte,[44] hatte in der Figur des Hofmeisters Feyerabend in ›Hildegard von Hohenthal‹ jenen individualistisch-empfindsamen Ansatz dargestellt. Als habe er bereits hier Hölderlin kennzeichnen wollen, hatte er von Feyerabend bemerken lassen, er sei „stark in der Griechischen und Römischen Litteratur, mache artige Deutsche Gedichte, vertiefe sich zugleich in die Philosophie, habe viel Herzensgüte, eine wesentliche Eigenschaft für seinen Stand, und nichts von Schulmeisterdünkel"[45]. Und er ließ ihn sagen: „Ein Mensch, der auf weiter nichts denkt, als Geld und Gut zusammen zu scharren, vergißt ganz, weßwegen er da ist."[46] In seinem neuen Werk ließ Heinse ausführlich über die Gefahren der stundenweisen Zerstückelung des Bildungsangebotes, über das die Zeitgenossen bewegende Thema öffentliches Schulwesen versus Privaterziehung, den Wert eines pädagogischen Realismus und der körperlichen Betätigung, auch über den Fehler der Verfrühung, vor allem bei räsonierender Religionserziehung, diskutieren.[47]

Die Frankfurter Großbürgerwelt war für neue pädagogische Ideen überhaupt aufgeschlossen. Einige später bedeutsame Leute waren hier als Hauslehrer angestellt, sie waren, soweit sie bekannt sind, auf dem neuesten Stand der pädagogischen Diskussion und kommunizierten miteinander. Carl Ritter z. B., der Geograph (1779–1859), der im Hause Bethmann Hollweg wirkte und, nebenbei bemerkt, hier die übliche Erfahrung machte, daß sich der Hauspädagoge mit den verschiedenen Ansichten der Eltern auseinanderzusetzen hatte, war Schüler von Guts-Muths und Salzmann und war bei Niemeyer zum Pädagogen ausgebildet.[48] Johann Elias Mieg (1770–1842) spielte eine entscheidende Rolle bei der Rezeption Pestalozzis im Frankfurter Bürgertum; es sei an seine Bedeutung für die Familie Willemer erinnert.[49] Es ist kein Zufall, daß Campes ›Revisionswerk‹ in Frankfurt mehrfach subskribiert worden war.[50] Maria Belli-Gontard schrieb über diese Bildungswelt später in ihren Lebenserinnerungen: „Um jene Zeit besuchten die meisten hier anwesenden Hofmeister unser Haus. Wir Kinder gingen zu deren Zöglingen. Es waren bedeutende Männer darunter: Karl Ritter (der Geograph), bei Holweg, Schlosser (der Geschichtsforscher), bei Mayer, Mieg bei Willemer-Chiron, Engelmann bei Sarasin-Chiron, Hölderlin bei meinem Oheim Cobus Gontard-Borkenstein usw. Sehr gut erinnere ich mich aller dieser Männer, keiner war aber so freundlich gegen uns Kinder, als Hölderlin."[51] Diese Erinnerungen sind auch deshalb eine wertvolle Quelle, als in ihnen deutlich wird, daß die Bildung der Mädchen in dieser Hauspädagogik keineswegs als zweitklassiges Unternehmen galt.[52] Seit des jungen Goethe Zeiten hatte das Fehlen eines geordneten hochstehenden öffentlichen Bildungswesens zu einer qualifizierten Privaterziehung geführt, und umgekehrt hatte deren Existenz immer wieder verhindert, daß die einflußreichen Großbürger ein solches Schulwesen nachhaltig förderten. In diesem Entwicklungsstadium war es dem Frankfurter Großbürgertum, da es noch Landgüter besaß, möglich, abseits vom Getriebe der Stadt eine naturverbundene Erziehung zu ermöglichen. Susette Gontard und Hölderlin waren während der langen Aufenthalte auf dem Lande[53] in der Lage, den Kindern zu leben, was freilich auch bedeutete, daß sie ungestört ihre Freundschaft oder was auch immer pflegen konnten.[54] Einen Eindruck von der Art, wie hier von einer empfindsamen Mutter die Kinder in ihrer Entwicklung beobachtet werden konnten, vermittelt ein Brief Susettes an Marie Rätzer nach Hölderlins pädagogischer Tätigkeit: „Ich arbeite am liebsten für sie, denn sie machen mir viel Freude und hängen sehr an mich. Ihre Jette und Lene werden alle Tage interessanter, sie treiben sich einander weiter, ohne daß sie selbst es merken, und vertragen sich doch, so viel es ihre Verschiedenheit zuläßt, recht gut, die Lene begreift alles schneller, ist aber dafür auch etwas stolz, und eingenommen von sich, welches sie oft bis zur Hartnäckigkeit äußert. Die Jette faßt langsam, aber ich glaube besser weil sie nicht so schnell sich traut, ist dabei sehr offen und ehrlich und tadelt sich leicht, bei der Lene läuft man Gefahr ihr manches hingehen zu lassen, weil sie selbst ihre Unarten mit ihrer natürlichen Grazie durchführt, alles kleidet ihr gut, ihre Bildung wird alle Tage schöner, ihr Gesicht fängt an Ausdruck zu bekommen, ihre Haare färben sich braun, das macht sie lebendiger aussehen, die Jette wird von Gesicht auch hübscher, aber sie hat keinen natürlichen Anstand, und da ich nicht dafür bin ihnen etwas anzubilden was so leicht bloße Manier und Affektation wird, setzt es mich zuweilen in Nachdenken; sie ist etwas mager und groß geworden, und das ändert die Bewegung wohl und dafür läßt sich wenig tun. Von der Maly sage ich nichts, ich traue mir selbst nicht."[55]

Bei so viel Verständnis für kindliche Eigentümlichkeit verwundert es nicht, daß sich offensichtlich auch Hölderlin in rousseauisch-wertherischer Weise zu den Kindern herabließ. Maria Belli-Gontard jedenfalls schrieb in einem

Brief: „Wie oft lag er mit uns auf der Erde und lehrte uns spielend mancherlei."[56] Hölderlin war als Pädagoge anerkannt: Daniel Rätzer schrieb im April 1796 an Ebel, er freue sich, daß „ein wakrer, aufgeklärter Mann Heinrichs Erziehung übernommen hat",[57] Carl Jügel urteilte dann später, Hölderlin, „mit allen erforderlichen Fähigkeiten ausgerüstet", habe „den gehegten Erwartungen auf das Vollkommenste" entsprochen. „Er gefiel Allen und erfüllte selbst die gespanntesten Anforderungen. Sein Äusseres war höchst einnehmend und hatte sonderbarer Weise eine große Ähnlichkeit mit Susettens Bruder, was ihm um so leichter deren Vertrauen gewann. Auch die Kinder des Hauses, obgleich noch sehr jung, hingen bald mit großer Liebe an ihm ..." Er habe Susette bei der Erziehung „treu zur Seite" gestanden, „und beide unterhielten sich oft über die besten dabei einzuschlagenden Wege, wobei die belesene Frau Susette Gelegenheit hatte, die gründliche Gelehrsamkeit und den biederen Charakter des ‚lieben Schwaben', wie Schiller den jungen Dichter zu nennen pflegte, näher kennen und schätzen zu lernen"[58]. Über die vermittelten Lehrinhalte wissen wir recht wenig. Ein Beleg ist eine Notiz aus dem Jahre 1798: „Den 3. Juli 98 schreibt der Henri: daß er bei Hölderlin die römische Geschichte aus dem Plutarch lerne (zuerst das Leben des Camillus), ferner deutsche Sprache. Mit der Geographie sind sie ganz fertig."[59] Das Übungsheft Henrys, in das Hölderlin ›Hyperion‹- Entwürfe und den „Frankfurter Plan" zum ›Empedokles‹ schrieb,[60] ist für eine Auswertung in pädagogischer Hinsicht nicht allzu ergiebig. Daß Henry von Hölderlin zumindest zeitweise nicht im Französischen unterrichtet wurde, ergibt sich aus einem Brief Susettes an Cobus Gontard vom Oktober 1796: „Die Kinder sind alle wohl und ziemlich artig, mit den französischen Meister bin ich recht gut zufrieden, besonders lernt Henry gut bey ihm, mit Henry wirst Du am besten zufrieden seyn, er hat sich nach aller Leute Urtheil zu seinem Vortheil verändert, und ich hoffe es soll ein recht braver Junge werden."[61] Es ist wohl nicht falsch anzunehmen, daß Hölderlins Kenntnisse im Französischen den Erwartungen der dem französischen Kulturkreis zugewandten Familie Gontard doch nicht ganz entsprachen. In diesem Zusammenhang kann der Brief Hölderlins an Hegel vom November dieses Jahres zitiert werden, mit dem er dem Freund den Dienst beim Kaufmann Gogel schmackhaft machen will: Seine „Gewandtheit in der französischen Sprache" nehme Gogel „wie ein seltnes und bedeutendes Geschenk". Und er bemerkt dann noch: „Auch werden gewöhnlich zum Unterricht im Schönschreiben, Rechnen, Zeichnen, Tanzen, Fechten, oder was sonst Dinge sind, die nicht gerade von uns erwartet werden können, Meister genommen, denen man das Kind ganz wohl anvertrauen kan, so daß Du hinlänglich wirst ausruhn können."[62] Dennoch war Hölderlin ausersehen, mit Henry um der Französischkenntnisse des Zöglings willen in die Schweiz zu reisen.[63]

Für Hölderlin war nicht der Bildungswert dieses oder jenes Faches entscheidend, sondern der Versuch, ein „pädagogisches Verhältnis" herzustellen. Als ihm die Mutter zu dieser Zeit eine Präzeptoratsstelle an der Nürtinger Lateinschule offerierte, stellte er jene Chance diesem entfremdeten Lehrerdasein gegenüber: „Schulmeistern könnt' ich unmöglich, und 40 Knaben nach reinen Grundsäzen und mit anhaltendem belebendem Eifer zu erziehen, ist wahrhaftig eine Riesenarbeit, besonders wo häusliche Erziehung und anderweitige Anstalten so sehr oft entgegenwirken."[64] Er bittet um ihr Verständnis für den Entschluß, in seinem jetzigen Verhältnis zu bleiben: „Aber einmal wär es doch nicht dankbar, ein Haus, dem ich bisher nicht einen Zehendtheil der schönen Freundschaft, die ich täglich erfahre, vergelten konnte, und meinen hofnungsvollen Zögling zu verlassen, gerade in einem Zeitpuncte, wo er anfängt, mein Herz und meinen Unterricht eigentlicher zu verstehen. Denn ob ein anderer ihm gerade das seyn würde, was ich ihm seyn kann, ist ungewiß. Das Kind ist von der Natur beinahe ganz so gemacht, wie ich, so viel ich weiß, aus ihren Händen gieng. Ich finde mich tausendmal mit meinen ursprünglichen Eigenheiten in ihm, auch das Kind ahndet in mir ein gleichgeschaffen Gemüth und das gerade erleichtert mir meine Erziehung so sehr, das gerade scheint mir immer mehr die unumgängliche Bedingung jeder glüklichen Erziehung zu seyn."[65] Hölderlins Bruch mit der Familie seiner „Diotima" machte erst die Bedeutung der durch ihn geschaffenen pädagogischen Atmosphäre und seine positive Rolle, die er bei den Kindern spielte, deutlich. „Komm' bald wieder bei uns, mein Holder; bei wem sollen wir denn sonst lernen", schrieb Henry nach Hölderlins Demission,[66] und Susette beklagte das Fehlen der Einwirkung Hölderlins auf das Gemüt der Kinder.[67] Ein halbes Jahr später rühmte sie erneut seine Fähigkeit, ihren Charakter human zu bilden und den negativen gesellschaftlichen Einflüssen entgegenzuwirken: „Ich muß Dir doch etwas von den Kindern sagen, Du weißt schon daß sie in meinen Augen sehr verlohren haben, seit Du nicht mehr sie bildest, und auf sie würkest, daß ich mir nicht mehr so viel von ihnen verspreche. Es ist für mich sehr schwer, allen den schiefen Eindrücken entgegen zu arbeiten, welche sie bekommen, und offt muß ich es gehen lassen, ich verlasse mich dann, zum Trost, auf ihre reiffende bis jetzt, ungetöhrte Vernunft, die sie selbst zurück führen wird von allen Irrungen in die sie gerathen können, offt denke ich auch wenn ihre Moralische Bildung zu sehr verfeinert würde, sie dann auch in ihrer Welt, wohl ihr Element nicht finden möchten daß die Erziehung unserer Laage ein wenig anpassen muß. An Henry, ärgert mich am meisten, daß weil er so auf einmal sich frey fühlte, er so gerne den Herrn spielt, immer vorlaut ist, mit so großem Eiffer, an allem Sinnlichen hängt, und übrigens in seiner Arbeit, etwas faul und nachlässig ist, man muß ihn beständig treiben, und aller Ehrgeiz scheint ihn verlassen zu haben. Ich wünschte zu seinem Besten daß er von hier fort käme, der Boden hier taugt für ihn gar nicht, daß man ihn zu sehr dient und schmeichelt, und er zu wenig die Wahrheit in sanften Ausdrücken höhrt. Ich wünschte Deine Meinung darüber zu höhren! – Die Beyden Mädchen sind auch etwas roher geworden, aber doch noch gute Kinder, ich baue offt meine Hoffnung auf die kleine Male, weil wir bey ihrer späteren Erziehung die Fehler einsehen werden, die wir machten, ich tadle mich aber auch wieder, meiner Partheilichkeit diese Nahrung zu geben, Sie ist würklich ein Herziges liebenswürdiges Kind, seit 14 Tagen laufft sie wieder und dieß freut mich so sehr. Wir haben auch den Herr Hadermann angenommen, ein sehr langweiliger Religiöser Schwätzer den ich nicht eine Viertelstunde ohne Ungeduld anhöhren kann. Talente, werden sie genug bekommen, aber für ihre Charackter Bildung, und innern einzigen Wehrt, ist mir offt sehr bange. Meine Gegenwürkung auf sie wäre doch nicht stark genung wenn ich auch immer im Stande wäre das Beste für sie zu unterscheiden, und auch selbst dieß ist mir fast unmöglich."[68] Der genannte Konrad Ludwig Hadermann (1770–1846), ein reformierter Theologiekandidat, hatte Henry schon vor Hölderlins Frankfurter Dienst unterrichtet; zu einem seiner Verwandten, dem Gymnasiallehrer Konrad Georg Hadermann (1754–1815), wurde Henry im Frühsommer 1799 in ein privates Erziehungsinstitut in Hanau gegeben, das er bis 1802 besuchte.[69] Hölderlin schrieb Anfang 1800 an die Mutter: „Mein lieber Henry ist jezt in einem Erziehungsinstitute in Hanau. Ich schreibe blos deßwegen so selten von ihm, weil ich nie ohne Wehmuth an diesen vortreflichen Knaben denken kann. Es ist recht gut für ihn, daß er aus Frankfurt weg ist, wo jeder Tag seine wahrhaft edle Natur wo nicht verdarb, doch entstellte."[70] Wie beim Ende von Hölderlins Engagement bei den Kalbs steht, dem Zug der Zeit entsprechend, der Schulunterricht für den Zögling am Ende des pädagogischen Verhältnisses. Auch der Umstand, daß Henrys Privatlehrer Hadermann, jener „langweilige religiöse Schwätzer", später just in den Räumen des „Weißen Hirsch" ein höheres Töchterinstitut einrichtete,[71] versinnbildlicht den Strukturwandel in der Bildungspraxis dieses Großbürgertums. Am Rande sei noch das Urteil der zwanzigjährigen Bettina Brentano über Henry aus dem Jahre 1805 zitiert: „Er ist nicht geistreich, nicht ausgezeichnet, nicht schön, aber seine Natur wendet sich so zum Edlen hin und zieht alles, was ihn erkennet, so mit, daß man werden muß wie er. Hier kennt ihn niemand wie ich, das heißt innerlich und ich halte es ganz geheim, er wird für dumm und gut gehalten."[72]

Vordergründig betrachtet, scheiterte Hölderlin als Hauslehrer an seiner Liebe zur Hausherrin.[73] Doch es gab für seine Entfremdung von seiner Lebenswelt noch andere Gründe: Der empfindsame Dichter konnte sich mit der von einem Hofmeister erwarteten Doppelrolle als Gelehrter und höherer Domestik, als Vertreter geistiger Kultur und funktionierender Agent der Gesellschaft, nicht abfinden. Daß dies nicht mit Notwendigkeit zur Katastrophe führen mußte, bedarf kaum einer Erläuterung. Es sei an den robusten Realisten Hegel erinnert, der, durch Hölderlins Vermittlung,[74] im Haus des Kaufmannes Gogel[75] wirkte und, was hier nur en passant erwähnt werden kann, entscheidende philosophische Entwürfe mit Hölderlin zusammen erarbeitete,[76] der nicht, wie Hölderlin, an den Frankfurter „Gesellschaftsmenschen" zerbrach. Im Oktober 1796 hatte Hölderlin dem Freund geschrieben: „Du wirst an HE. u. Fr. Gogel anspruchlose unbefangne, vernünftige Menschen finden, die, so viel sie Beruf zum geselligen Leben haben, durch ihre Jovialität und ihren Reichtum, doch gröstentheils sich selbst leben, weil sie und besonders die Frau, mit den Frankfurter Gesellschaftsmenschen und ihrer Steifigkeit, und Geist- und Herzensarmuth nicht sich befassen und verunreinigen und ihre häusliche Freude verderben mögen."[77] Während sich Hegel vorgenommen hatte, „an diesen Menschen nichts bessern zu wollen, im Gegenteil mit den Wölfen zu heulen",[78] konnte und wollte Hölderlin seine Gesellschaftskritik im ›Hyperion‹ nicht verdrängen.

Tief mußte Hölderlin den Widerspruch empfunden haben zwischen dem eigenen Anspruch, zu einer Verbreitung der Humanitätsbildung beizutragen, und der gesellschaftlichen Realität in der Welt der „Frankfurter Gesellschaftsmenschen", die diese Bildung nur im kleinen Kreis zuließ: Auf der einen Seite formulierte er an den von der Französischen Revolution enttäuschten Ebel, Anfang 1797, den Glauben „an eine künftige Revolution der Gesinnungen und Vorstellungsarten, die alles bisherige schaamroth machen wird", erläuterte, „große Bewegungen" seien „in den Herzen der Jugend", viel „bildsamer Stoff" sei zu beobachten,[79] plante er, wie er an Freund Schelling nach dem Frankfurter Aufenthalt schrieb, ein philosophisches Journal (›Iduna‹), das auch „historisch und philosophisch belehrend aus dem Gesichtspuncte der Humanität" angelegt sein sollte,[80] auf der anderen Seite mußte er erfahren, daß diese Bildung nur im Widerstand gegen die umgebende Gesellschaft und nur mit seiner „Diotima" und den Kindern gemeinsam verwirklicht werden konnte, daß sie reine Privatsache blieb. Für diesen Widerspruch ist kennzeichnend, daß Susette Gontard, die so bedeutenden Anteil am ›Hyperion‹ hatte[81] und der bewußt war, was es bedeutete, daß Hölderlin in seinem Roman Diotima zu Hyperion sagen ließ, er solle „Erzieher unsers Volks" werden,[82] daß sie nach dem Bruch den verhinderten Volkserzieher Hölderlin auf die Möglichkeit verwies, Privatvorlesungen zu halten: „Könntest Du nicht vielleicht auch in der Zukunft junge Leute zum Unterricht zu Dir kommen lassen, verzeihe mir diese Idee wenn sie Dir nicht gefällt. Ich weiß aber daß Du es einmal im Sinne hattest solche Vorlesungen zu halten. Welches Dir gewiß nicht schwer fallen würde."[83]

Hölderlin erfuhr während seiner pädagogischen Tätigkeit ständig den Druck des allwaltenden kapitalistischen Geistes Frankfurts. Von geradezu symbolischer Bedeutung ist dafür der Umstand, daß wir Bemerkungen über diesen bildungsfeindlichen Geschäftsgeist – aus dem „Frankfurter Plan" des ›Empedokles‹ – in Henrys Übungsheft niedergelegt finden: „Empedokles, durch sein Gemüth und seine Philosophie schon längst zu Kulturhaß gestimmt, zu Verachtung alles sehr bestimmten Geschäffts, alles nach verschiedenen Gegenständen gerichteten Interesses, ein Todtfeind aller einseitigen Existenz, und deswegen auch in wirklich schönen Verhältnissen unbefriedigt, unstät, leidend, blos weil sie besondere Verhältnisse sind und, nur im großen Akkord mit allem Lebendigen empfunden ganz ihn erfüllen, blos weil er nicht mit allgegenwärtigem Herzen innig, wie ein Gott, und frei und ausgebreitet, wie ein Gott, in ihnen leben und lieben kan, blos weil er, so bald sein Herz und sein Gedanke das Vorhandene umfaßt, ans Gesetz der Succession gebunden ist −.«[84] Hatte noch Herder im ›Reisejournal‹ (1769) dem älteren „kriegerischen und Religionsgeist" den neu herrschenden „Commerz-Finanzen- und Bildungsgeist" gegenübergestellt,[85] so mußte drei Jahrzehnte später in Frankfurt festgestellt werden, daß sich der „Commerz- und Finanzengeist" einerseits und der „Bildungsgeist" andererseits zu einem neuen Gegensatz auseinanderentwickelt hatten. Ein Durchreisender charakterisierte dies 1797 so: „Da ich hier nur in einige Kaufmannshäuser empfohlen bin; so habe ich bis iezt auch bloß Menschen aus dieser Classe kennen gelernt. Die meisten schienen mir nur äussere Bildung und die Kenntnisse ihres Gewerbs zu haben. An feinere Cultur des Geistes, an Geschmak für Wissenschaften und Künste, an einen − durch Vertrautheit mit denselben gebildeten Kopf und veredelten Charakter ist da nicht zu gedenken. Es soll zwar einige Ausnahmen geben, mit denen ich aber nicht bekannt geworden bin. Unter allen Eindrücken, die der Mensch von seiner habituellen Beschäftigung annimmt, scheint mir keiner gefährlicher zu seyn, als der Handelsgeist."[86] Und, ebenfalls 1797, schrieb Goethe, der sich auf seiner Schweizreise befand, an Carl August über den Egoismus und den Leichtsinn seiner Landsleute: „In Frankfurt ist alles thätig und lebhaft. Ihre Zeit ist nur zwischen erwerben und verzehren getheilt …"[87] Hier, bemerkte er in seinem Reisebericht, sei alles Ware, und er gab den Rat: „Der Frankfurter, bei dem alles Waare ist, sollte sein Haus niemals anders als Waare betrachten."[88] Gegenüber Schiller analysierte er die Rolle der Poesie in dieser vom kapitalistischen Geist geprägten Stadt: „Sehr merkwürdig ist mir aufgefallen wie es eigentlich mit dem Publico einer großen Stadt beschaffen ist. Es lebt in einem beständigen Taumel von Erwerben und Verzehren, und das was wir Stimmung nennen, läßt sich weder hervorbringen noch mittheilen, alle Vergnügungen, selbst das Theater, sollen nur zerstreuen und die große Neigung des lesenden Publicums zu Journalen und Romanen entsteht eben daher, weil jene immer und diese meist Zerstreuung in die Zerstreuung bringen. Ich glaube sogar eine Art von Scheu gegen poetische Productionen, oder wenigstens in so fern sie poetisch sind, bemerkt zu haben, die mir aus eben diesen Ursachen ganz natürlich vorkommt. Die Poesie verlangt, ja sie gebietet Sammlung, sie isolirt den Menschen wider seinen Willen, sie drängt sich wiederholt auf und ist in der breiten Welt (um nicht zu sagen in der großen) so unbequem wie eine treue Liebhaberinn."[89]

Hölderlins unglückliche Position inmitten der „Frankfurter Gesellschaftsmenschen" war auch durch seine gesellschaftliche Lage bedingt, durch das Abgestoßensein seiner (klein)bürgerlichen Existenz durch das (groß)bürgerliche Flair – mit der wachsenden Tendenz, die geliebte Herrin als Folge dieses Ungenügens zu überhöhen[90] –, seine Situation wurde gewiß auch problematischer wegen des Gegensatzes zu den in Frankfurt Mächtigen in politischen Fragen.[91] Es war nicht immer möglich, sich von den quasi öffentlichen Auftritten bei großen Gesellschaften fernzuhalten; der Hofmeister mußte eben, ohne zur Familie zu gehören und ohne voll anerkannt zu sein, doch präsent sein. Nach knapp zweijährigem Dienst klagte Hölderlin der Mutter ausführlich über seine ambivalente Lage[92] und schrieb u. a.: „Vielleicht wirds auch nun stiller in unserem Hauße; dieses ganze Jahr haben wir fast beständig Besuche, Feste und

Gott weiß! was alles gehabt, wo dann freilich meine Wenig-keit immer am schlimmsten wegkommt, weil der Hofmei-ster besonders in Frankfurt überall das fünfte Rad am Wagen ist, und doch der Schiklichkeit wegen muß dabei seyn."[93] Einige Wochen später versuchte er, der Mutter klar-zulegen, daß die geschilderte unangenehme Situation nicht nur sein persönliches Problem sei, sondern auch ein gesell-schaftliches: Er schrieb, sein Brief beinhalte „eine leiden-schaftlose Darstellung des Hofmeisterlebens"[94]. Im Früh-jahr 1798 präzisierte er in einem Brief an die Schwester seine Betroffenheit als Angehöriger eines mittleren Bürger-tums durch die als äußerlich und inhaltsleer empfundene Welt des Großbürgertums und des Adels: „Dein Glük ist ächt; Du lebst in einer Sphäre, wo nicht viele Reichen, und nicht viele Edelleute überhaupt nicht viel Aristokraten sind; und nur in der Gesellschaft, wo die goldne Mittelmäßigkeit zu Hause ist, ist noch Glük und Friede und Herz und reiner Sinn zu finden, wie mir dünkt. Hier z. B. siehst Du, wenig ächte Menschen ausgenommen, lauter ungeheure Karika-turen. Bei den meisten wirkt ihr Reichtum, wie bei Bauern neuer Wein; denn gerad so läppisch, schwindlich, grob und übermüthig sind sie. Aber das ist auch gewissermaaßen gut; man lernt schweigen unter solchen Menschen, und das ist nicht wenig."[95] Die zitierte Briefstelle zeigt im übrigen, wie fragwürdig es ist, wenn in diesem Zusammenhang immer wieder mit dem dürren Wort „bürgerlich" das Entschei-dende kenntlich gemacht werden soll. Nicht nur für Höl-derlin verlief die kritische Grenze zwischen den reichen und mächtigen Aristokraten und Großbürgern einerseits und dem in Grenzen wohlhabenden mittleren Bürgertum andererseits.[96] Im Gedicht ›An Landauer‹ wird dann wenig später dieses glückliche mittlere Bürgertum ge-rühmt.[97] Auch in dem Brief an die Mutter, in dem er die

Beendigung seines Dienstes erläutert und die Diskrepanz zwischen seiner Hofmeistersituation im allgemeinen und seinen pädagogischen Erfolgen thematisiert,[98] spielt seine Position als empfindsamer Vertreter des Mittelstandes inmitten der reichen und ungebildeten Großbürger eine Rolle: „Aber der unhöfliche Stolz, die geflissentliche tägliche Herabwürdigung aller Wissenschaft und aller Bildung, die Äußerungen, daß die Hofmeister auch Bedienten wären, daß sie nichts besonders für sich fordern könnten, weil man sie für das bezahlte, was sie thäten, u. s. w. und manches andre, was man mir, weils eben Ton in Frankfurt ist, so hinwarf – das kränkte mich, so sehr ich suchte, mich darüber weg zu sezen, doch immer mehr, und gab mir manchmal einen stillen Aerger, der für Leib und Seele niemals gut ist. Glauben Sie, ich war gedultig! Wenn Sie jemals mir ein Wort geglaubt, so glauben Sie mir diß! Sie werden es für übertrieben halten, wenn ich Ihnen sage, daß es heutzutage schlechterdings unmöglich ist, in solchen Verhältnissen lange auszudauern; aber, wenn Sie sehen könten, auf welchen Grad besonders die reichen Kaufleute in Frankfurt durch die jezigen Zeitumstände erbittert sind, und wie sie jeden, der von ihnen abhängt, diese Erbitterung entgelten lassen, so würden Sie erklärlich finden, was ich sage."[99]

Doch Hölderlin war, wie die meisten Hofmeister, nicht schlichtweg nur ein Angehöriger eines Standes: Er war durch seinen Bildungsgang auch aus seiner Herkunftssphäre herausgerissen und wurzellos. Ein psychisch Gefährdeter, der an seinem Verwiesensein auf die eigene Subjektivität litt,[100] war in dieser in vielfacher Hinsicht ungewissen Lage des Hofmeisterdaseins besonders bedroht. Dies verband Hölderlin mit dem bereits erwähnten Boehlendorff, aber auch mit dem Dichter- und Hauslehrerkollegen Siegfried Schmid (1774–1859) aus Friedberg, der, wie Hölderlin, ursprünglich zum Pfarrer bestimmt worden war.[101] Schiller bezog sich gegenüber Goethe 1797 auf Höderlins Subjektivität und seine Vereinzelung als Hofmeister in einem Kaufmannshaus[102] und hatte ihn und Schmid aufgefordert, den durchreisenden Goethe in Frankfurt zu besuchen.[103] Es ist bemerkenswert, wie exakt Schiller und Goethe die Existenz Schmids, Hölderlins und auch Jean Pauls soziologisch analysieren: Von Schmid glaubt Goethe, er sei „ganz aus seinem Wege gerückt worden", weil ihn der Vater, ein wohlhabender Kaufmann, zum Prediger bestimmt habe, ihn also aus dem angestammten Stand gedrängt habe,[104] Schiller schreibt darauf: „H. Schmidt, so wie er jetzt ist, ist freilich nur die entgegengesetzte Carricatur von der Frankfurter empirischen Welt, und so wie diese nicht Zeit hat, in sich hinein zu gehen, so kann dieser und seines gleichen gar nicht aus sich selbst heraus gehen. Hier möchte ich sagen, sehen wir Empfindung genug aber keinen Gegenstand dazu, dort den nackten leeren Gegenstand ohne Empfindung. Und so sind überall nur die Materialien zum Menschen da, wie der Poet ihn braucht, aber sie sind zerstreut und haben sich nicht ergriffen. Ich möchte wissen, ob diese Schmidt, diese Richter, diese Hölderlins absolut und unter allen Umständen so subjectivisch, so überspannt, so einseitig geblieben wären, ob es an etwas primitivem liegt, oder ob nur der Mangel einer aesthetischen Nahrung und Einwirkung von außen und die Opposition der empirischen Welt in der sie leben gegen ihren idealischen Hang diese unglückliche Wirkung hervorgebracht hat. Ich bin sehr geneigt das letztere zu glauben, und wenn gleich ein mächtiges und glückliches Naturell über alles siegt, so däucht mir doch, daß manches brave Talent auf diese Art verloren geht."[105]

4. STUTTGART, HAUPTWIL, BORDEAUX

Das Thema „Hofmeisterei" blieb auch nach Hölderlins Frankfurter Enttäuschungen aktuell. Selbstverständlich drängte die Mutter immer wieder auf eine Klärung der beruflichen Zukunft, und Hölderlin, der als Pfarrer nicht leben wollte und von der Dichtung nicht existieren konnte, mußte sich der Frage stellen, ob er sich einmal wieder als Pädagoge verdingen wollte. Diese Lösung bot sich, trotz der zu erwartenden Widrigkeiten, nach wie vor an, da sein pädagogischer Elan im Prinzip weiterbestand. Im Januar 1797 bereits machte er der Mutter, die ihn dazu bewegen wollte, eine schwäbische Pfarrstelle zu akzeptieren, die er erhalten konnte, wenn er nur bereit wäre, die Tochter des Vorgängers zu heiraten,[1] klar, er fühle sich „tüchtiger zum Erzieher als zum Predigtamt". „Das Lehramt ist auch überhaupt, so viel ich sehe, bei den jezigen Zeiten wirksamer, als das Predigtamt."[2] Nach dem Frankfurter Bruch, im Dezember 1798, offerierte die Mutter dann eine Hofmeisterstelle, bei einem Herrn von Gemmingen in oder bei Heilbronn,[3] und Hölderlin fiel es sichtlich schwer, seine Reserviertheit zu begründen: „Das Triftigste, was ich Ihnen sagen kann, ist wohl das, daß ich nach Verlauf eines Jahrs schwerlich in Verlegenheit seyn werde, wenn nichts anderes sich mir darbietet, eine ähnliche Stelle zu bekommen, denn die Hofmeister, die irgend einen Anspruch machen können, sind izt sehr selten zu bekommen, und es entschließt sich mancher, sich auf irgend eine andere Art zu behelfen, ehe er diß in unseren Zeiten so mißliche Verhältniß eingeht, und sich alle den Misverständnissen aussezt, die jezt in diesem zweideutigen Stande so unausbleiblich sind, denn ein bestimmtes Amt, wo der Mann sein vorgeschrieben mechanisch Geschäfft hat, ist etwas ganz anderes und läßt sich viel leichter im Frieden abmachen, als die Kindererziehung, die etwas so unendliches ist, und das tägliche Leben in Einem Hauße, wo man gegenseitig die Prätensionen bis aufs geringste ausdehnen muß, wenn man sich nicht in die Länge zur Last fallen will, und, wie gesagt, die Stimmung, in der sich jezt beinahe alle Personen finden, die sich Hofmeister halten, ist, bei dem besten Gemüth und der höchsten Vorsicht von beiden Seiten doch so schwer zu behandeln, daß ein junger Mann wirklich wohlthut, sich nicht an diese schwere Aufgabe zu wagen, so lang ihm noch ein ander Verhältniß bleibt, woran er sich nicht zu schämen hat, und wo er sein mäßiges Auskommen findet. Da sich aber alles lernen läßt und ich nun so ziemlich zu wissen glaube, wie man auch als Hofmeister in den meisten Häußern friedlich leben kann, so würde ich diß Verhältniß weniger als andere fürchten, die es noch nicht erfahren haben und ungeübter und ungeduldiger sind, nur muß ich immer ebensoviel an Lebhaftigkeit des Geistes verlieren, als ich an Zurückhaltung und Geduld in einem solchen Verhältnisse zuseze. Deßwegen glaube ich es mir schuldig zu seyn, so lang ich, ohne andern wehe zu thun, von dieser Seite mich schonen kann, mich zu schonen, um mit lebendiger Kraft ein Jahr lang in den höhern und reinern Beschäfftigungen zu leben, zu denen mich Gott vorzüglich bestimmt hat."[4] Wenig später stellte er in Aussicht, er könne auch eine Pfarrstelle auf dem Dorfe, „recht weit von der Hauptstadt und von den hohen geistlichen Herren weg", annehmen, aber er schränkte gleich wieder ein: „Übrigens ist es mir lieb, wenn es noch einige Jahre ansteht, und wenn ich hier mit dem Buche, an dem ich schreibe und mit meinem Gelde zu Ende bin, so will ich eben wieder Hofmeister werden."[5] Der pommersche Legationssekretär von Pommereschen, den er in Rastatt kennengelernt habe, könne ihm bei Wismar eine Stelle besorgen, wohl eine mit der Gelegenheit, mit einem jungen Mann eine Universität zu besuchen; entschlossen sei er freilich noch nicht. Auf jeden Fall, fügte er hinzu, werde er zusehen, sich vor Verdruß zu schützen, und: „Als Vikarius würde ich von meinem Pfarrer dependiren, und da ich diese Lage noch gar nicht gelernt habe, würde sie mir wohl nicht leichter werden …"[6] Im Herbst 1799 schrieb er dann der Mutter von der Möglichkeit, in Stuttgart „einer kleinen Anzahl erwachsener junger Leute Privatvorlesungen zu halten", wenn der Plan für eine Tätigkeit in der Nähe Schillers in Jena scheitere.[7] Gegenüber Freund Neuffer drückte er im Dezember 1799 seine Ratlosigkeit aus, die aus der Erkenntnis resultierte, ohne Niveauverlust sei ein Berufsschriftstellertum ebenso unmöglich wie die tradierte Verbindung von Dichten und Amtsführung: „Ich gestehe Dir, daß ich nach und nach finde, wie es jezt fast unmöglich ist, blos von der Schriftstellerei zu leben, wenn man nicht gar zu dienstbar hierinn seyn, und sein Auskommen auf Kosten der Reputation finden will. Und so bin ich unentschlossen, ob ich über kurz oder lange Vikar oder wieder Hofmeister oder Hausinformator werden will. Das leztere scheint mir fast das Beste. Wenn sich auch ein weniger bescheidner Posten für mich zeigen sollte, so weiß ich nicht, ob ich davon Gebrauch machen sollte, da ich weder gerne die Schriftstellerei dem Amte, noch das Amt der Schriftstellerei aufopfern möchte, und darum wählte ich gerne einen Posten, der keinen großen Aufwand von Kräften, und nicht zu viel Zeit erforderte."[8] Im Januar 1800 hatte er sich wieder eines mütterlichen Hinweises auf ein bestimmtes Amt zu erwehren – der Schwager Breunlin scheint eine Rolle gespielt zu haben –, wieder ist von Privatvorlesungen in Stuttgart die Rede.[9] In einem Brief an die Mutter vom Mai 1800 lesen wir dann von dem Entschluß, in Stuttgart tätig zu werden; von „Nebengeschäften" spricht der Dichter, auch davon, daß er sich demnächst im „Ausland", also außerhalb Schwabens, niederlassen könnte; und er, der ja seiner Dichtung leben könnte, wenn ihm nur die Mutter das väterliche Erbe aushändigte, stellt die bittere Frage, weshalb er sich denn „in der bürgerlichen Welt so herum behelfen müsse?"[10].

Hölderlin lebte im Sommer 1800 im Hause des bereits erwähnten Freundes Christian Landauer (1769–1845), der ihm am Jahresanfang, als er sich in Frankfurt aufhielt, wohl den Rat zur Rückkehr in die Heimat gegeben hatte. Die Behörde erlaubte ihm, sich als Erzieher der Kinder Landauers in Stuttgart aufzuhalten, so daß er nicht befürchten mußte, als Vikar dienstverpflichtet zu werden.[11] Landauer war das exakte Gegenteil des reinen Geschäftsmenschen Gontard, er ging nicht etwa in seinem Tuchgeschäft auf, sondern war kunstsinnig und literaturbeflissen, republikanisch orientiert und zeigte viel Verständnis für Hölderlins Lage.[12] Es existiert kein Beleg für Umfang oder Art der pädagogischen Tätigkeit Hölderlins, es ist eher unwahrscheinlich, daß es ein förmliches Abkommen zwischen den Freunden Landauer und Hölderlin über die Erziehung der Kinder gab. Landauer hatte drei Töchter, 1793, 1795 und 1798 geboren, und einen Sohn, der 1796 geboren war.[13] Dieser Gustav Landauer erzählte dann später, er sei von Hölderlin unterrichtet worden.[14] Es ist fraglich, ob man wegen fehlender Quellen und auf Grund des Umstandes, daß Hölderlin für sein Logis gezahlt hat, schließen sollte, er habe nur gelegentlich unterrichtet und die pädagogische Tätigkeit sei vorgeschoben gewesen, um den in die Heimat Zurückgekehrten vom Zugriff durch das Konsistorium zu schützen.[15] Zwar zahlte die Mutter in der Tat Kostgeld und Miete an Landauer,[16] aber dies schließt ja nicht aus, daß Hölderlin ohne ihr Wissen vom Freund für Unterricht und Erziehung Geld erhielt und daß seine pädagogische Aufgabe so gering nicht war.

Hölderlin erteilte in seiner Stuttgarter Zeit mehrfach Privatunterricht an Außenstehende. Bald nach seiner Übersiedlung schrieb er der Mutter, er habe „drei Anerbieten zu Lectionen",[17] die Hinweise auf Jakob Friedrich Gutscher (1760–1834) und Johann Georg Frisch (1763–1836) als Vermittler bzw. Adressaten von Lektionen[18] deuten darauf hin, daß es sich um Privatvorlesungen handelte. Im Herbst schrieb er der Schwester: „Landauer scheint sehr zu wünschen daß ich bleibe, und hat Anstalten gemacht, daß ich vielleicht einige Informationen mehr, also ungefähr 3 Luidor des Monaths erhalte. Ob ich damit so weit reiche, als wir alle wünschen, wäre dann die Frage."[19] Es war auch die Frage, ob Hölderlin durch mehr „Informationen" noch die ersehnte Muße zum Dichten gehabt hätte. Diese Ruhe hoffte er in der Schweiz zu finden, schon im Dezember fiel der Entschluß, dort eine Stelle anzunehmen.[20] Hölderlin hatte Karl Philipp Conz, den einstigen Tübinger Repetenten, bei dem er studiert hatte, um Vermittlung gebeten, und dieser hatte Karl Friedrich Reinhard, den früheren Stiftler und jetzigen französischen Gesandten in Bern, deshalb um Hilfe ersucht. Reinhard empfahl eine Hofmeisterstelle bei einem reichen Fabrikanten im Kanton Appenzell, dem späteren Geschichtsschreiber und Philanthropen Johann Caspar Zellweger (1768–1855), einem Schwiegersohn des Idyllendichters Salomon Geßner.[21] Reinhards Erläuterungen zeigen, daß die Stelle wohldotiert war, aber auch den ganzen Mann erforderte:

„Es werden jährl. 600 Gulden geboten; man würde nach einiger Zeit suchen, mehrere Familien zu vereinigen, um ihren Kindern gemeinschaftlichen Unterricht geben zu lassen. Auf diesen Fall würde das Gehalt von 11–1200 Gulden seyn, eine unabhängige Existenz und ein vermutlich immer dauerndes Auskommen gewären."[22] Es ist unklar, ob Hölderlin auf die Stelle verzichtete, weil er bei diesen Erwartungen um sein dichterisches Schaffen fürchtete, oder weil sich Komplikationen ergeben hatten, da er noch eine andere Stelle im Thurgau in Aussicht hatte: Emanuel von Gonzenbach aus Hauptwil suchte, von den Eltern beauftragt, einen Erzieher für seine jüngeren Schwestern, ihm sagte Hölderlin zu, und der Vater Anton von Gonzenbach (1748–1819) sicherte ihm, zeitgleich mit dem Angebot Reinhards, die Stelle zu.[23] Anfang 1801 begann Hölderlins dritte Hofmeisteretappe.[24]

Anton und Ursula (1751–1805) Gonzenbach hatten neun Kinder, acht wohnten noch zu Hause; Hölderlin hatte die zwei jüngsten Töchter zu unterrichten, Barbara Julia (1786–1831) und Augusta Dorothea (1787–1868).[25] Außerdem sollte er, wie man aus Gonzenbachs späterem Kündigungsschreiben weiß, zwei Jungen aus der Verwandtschaft, nach seinen Worten „eigentlich der Haubt Gegenstand meines Erziehungs-Plans", betreuen; diese hatten dann doch „eine andere Bestimmung", wie Gonzenbach schrieb.[26] Wir wissen nichts über Hölderlins Unterricht, auch die Annahme, das Besingen kindlicher Unschuld in der zur Hauptwiler Zeit entstandenen Ode ›Unter den Alpen gesungen‹[27] weise einen Bezug zu einem der Gonzenbacher Kinder auf,[28] bleibt Spekulation. Offenbar hatte Hölderlin die Möglichkeit gesehen, im Hause Gonzenbach die ersehnte Muße für literarisches Schaffen und ungestörtes Bilden zugleich zu besitzen. Vor seiner Abreise nach Hauptwil schrieb er an Gonzenbach: „Erlauben Sie, daß ich, noch ehe ich es mündlich kann, Ihnen einen aufrichtigen Dank sage, für den gütigen Ruf, zu einem Verhältnisse und Geschäffte, das so gut und schäzbar für mich seyn wird. Sie kommen mir mit so vielem entgegen, was ich achten muß; ich kann Ihnen nur guten Willen und Aufmerksamkeit, auf das, was meine Pflicht in Ihrem Hauße seyn wird, und Offenheit und Treue versprechen; und wenn Sie sagen, daß Sie einen Werth in das, was ich zu leisten habe, legen; so wissen Sie gewiß auch, wie viel Werth und Gutes darinn für mich liegt, daß ich in dem Kreise einer Familie leben werde, die sich selbst genug seyn kann, und die schwerste und schönste aller Tugenden, die das Glük zu tragen, täglich ausübt. Wär ich auch nur der Zuschauer unter Ihnen, so hätt' ich an einem solchen Bilde des Friedens genug."²⁹ Wie schon in Waltershausen und Frankfurt war Hölderlin zunächst zufrieden mit seiner Lage. Er schrieb der Mutter: „Ich kann in der That nicht anders sagen, nach der Überzeugung, die ich mir seit 10 Tagen geben konnte, als daß die zahlreiche Familie, in der ich lebe, aus solchen Menschen besteht, unter denen man mit zufriedener Seele leben muß, so viel unschuldiger Frohsinn ist unter den jüngeren, und so ein gesunder Verstand, und edle Gutheit unter den Älteren. Besonders ist mir der Vater vom Hauße ein ehrwürdiger Mann, der für seinen Stand besonders viel gelernt, und viel erlebt zu haben scheint, und doch eine Einfalt beibehalten hat, die mich äußerst interessirt, und unter seinen Kindern, (wovon der älteste Sohn verheurathet und auch im Hauße mit ist,) ein stilles anspruchloses, aber sehr reelles Ansehn ausübt. Ich will mich für dißmal nicht weiter in Beschreibungen einlassen; genug, so wie es jezt steht, bin ich vergnügt und mein Geschäfft ist eingerichtet und gehet gut von Statten, und ich hoffe, man soll in Jahr und Tagen so zufrieden mit mir seyn, wie man es jezt ist, und Ihr, ihr Theuersten, sollt immer gute Nachricht von mir hören, und einmal über mich recht ruhig seyn können."[30]

Die Gonzenbachs waren eine mächtige Familie im Thurgau und lebten – und ließen leben – vom Leinengewerbe. Im Dorf Hauptwil wohnten die beiden Linien dieser bürgerlichen Familie – mit Adelstitel – im „oberen Schloß", einem stattlichen Haus, im „Schlößli" und im „Kaufhaus", einem langgestreckten mächtigen Bau. Hier lebte auch Hölderlin. (Die Hinweistafel am „Schlößli" ist falsch angebracht.[31]) In einem Reisebericht von 1800 liest man über Hölderlins Herrn: „Er ist's eigentlich, der die Fabriken in Hauptwil hält, für ihn arbeitet alles, was an diesem Orte lebt und webt. Seine Frau (Ursula), eine Schwester von Herrn Gonzenbach im Obern Schloß, ist eine mit männlicher Tätigkeit und Spekulation handelnde Kaufmännin. Hauptwil erhält sich aufrecht durch den Handel und die Tätigkeit dieser Familie; nähme dies ein Ende, so würde dieses Örtchen das nämliche Schicksal erfahren, welches einem Göttingen im Hannöverschen oder einem Jena im Weimarschen drohte, wenn die Universitäten daselbst aufgehoben würden. Die Einwohner wüßten sich nicht zu ernähren."[32] In der Familientradition legte man durchaus Wert auf die Bildung der Kinder,[33] der erhaltene Brief Gonzenbachs von 1783 an einen Vorgänger Hölderlins zeigt dies, und die Wendung, er suche einen „Freund" für die Familie und die Kinder,[34] macht es wahrscheinlich, daß die bald erfolgte Trennung von Hölderlin nicht auf verschiedene pädagogische Ansichten zurückzuführen war. In seinem überaus höflichen und anerkennenden Kündigungsschreiben vom 11. April 1801 gab Anton von Gonzenbach als einzigen Grund für die Beendigung der Tätigkeit die Tatsache an, daß die beiden Jungen, die mit unterrichtet werden sollten, nicht mehr im Hause zu betreuen seien.[35] Oft wurde daran gezweifelt, ob dies der einzige Grund für die schnelle Trennung war; man meinte, Gonzenbach habe diplomatisch-schonend einen Grund vorgeschoben.[36] Es gibt indes keinen Hinweis auf verschwiegene Ursachen.[37] Spielte ein Krankheitsschub eine Rolle? Immerhin schrieb Hölderlin gegen Ende seines Schweizer Aufenthaltes an den Vertrauten Landauer über seine verzweiflungsvolle Verlassenheit und bemerkte: „Überhaupt ists seit ein paar Wochen ein wenig bunt in meinem Kopfe."[38] Konnte sich Hölderlin mit der gesellschaftlich-politischen Rolle der Gonzenbachs nicht anfreunden? Für einen mit den komplizierten politischen Verhältnissen der Schweiz nicht sehr Vertrauten war die Politik der Familie 1797/98 möglicherweise verdächtig revolutionsfeindlich.[39] Gab es Probleme mit der „Kaufmännin" Gonzenbach? Hölderlin erwähnte sie nie.

Wie auch immer, Hölderlin war wieder ohne bürgerlich anerkannte Tätigkeit. Im Juni wandte er sich an Schiller,[40] behauptete, ohne Nachweis einer Anstellung „in einigen Wochen als Vikar zu einem Landprediger" gehen zu müssen, und bat ihn, ihm bei dem Vorhaben behilflich zu sein, in Jena Vorlesungen zu halten; „... ich glaube, im Stande zu seyn, Jüngeren, die sich dafür interessiren, besonders damit nüzlich zu werden, daß ich sie vom Dienste des griechischen Buchstabens befreie und ihnen die große Bestimtheit dieser Schriftsteller als eine Folge ihrer Geistesfülle zu verstehen gebe"[41]. Der Brief wurde so wenig beantwortet wie der an den alten Freund Niethammer vom 23. Juni, in dem er seinen Wunsch vorbrachte. In diesem erst seit relativ kurzer Zeit im Wortlaut bekannten Schreiben[42] faßte Hölderlin seine pädagogischen Bemühungen zusammen und gab den Entschluß bekannt, nicht mehr länger am Vorhaben festzuhalten, als freier Schriftsteller existieren zu können: „Ich habe die lezten Jahre in Verhältnissen gelebt, die meinem Lebensplan nicht angemessen waren und in denen ich nur selten das Glük der Zufriedenheit mit meinem Zustand empfinden konnte. In ein geistliches Amt mocht ich nicht gehen, und jezt, im Alter von 31 Jahren, macht es mir Unbehagen, die Aussicht zu haben, als Vikar von einem Pfarrer dependiren zu müssen. Die Thätigkeit eines Erziehers, die sich mir anbot und die ich ausgeübt habe, erschien mir nur darum als erstrebenswerth, weil das tägliche Leben mit den Kindern, die meiner Obhuth anvertraut waren, es möglich machte, ihre geistige Entwicklung von innen her zu befördern und durch den täglichen Unterricht, den ich ihnen gab, in ihnen das Bewußtsein zu erweken, daß sie eines Tages auf dem Wege der Bildung allein fortschreiten müssen. Aber die wechselnden Verhältnisse, in denen sich das Leben eines Hofmeisters abspilt, waren weder meiner Natur noch meinem Lebensplan adäquat, und so war es immer mein Bestreben, danach eine Zeit der Independenz folgen zu lassen, in welcher es mir möglich war, mich nach meinem eigenen Guthdünken zu beschäftigen. So lebte ich fast zwey Jahre in Homburg in Gesellschaft meines Freundes Sinklair und konnte dort ganz auf meine Art arbeiten und literarische Studien treiben. Vor kurzem bin ich aus der Schweiz, wo ich als Hauslehrer eine wenig glükliche Zeit verbrachte, in das Vaterland zurükgekehrt. Hier hat sich nun ein alter Plan, den ich schon fast aufgegeben hatte, in meinem Kopfe wieder vestgesezt, so sehr, daß ich mir jeden Tag überlege, wie er wohl zu verwirklichen sei. In meinem Leben habe ich ja nur zu oft erfahren, daß Pläne und Wünsche, mochten sie auch mit meiner Natur

zusammenstimmen, weit über die Wirklichkeit hinaus-
griffen und dann von den Umständen erdrükt wurden, die
das Schicksaal dem Lebensgang vorausbestimmt hatte.
Ich will meine Lage verändern und bin entschlossen, das
Leben eines privatisirenden Schriftstellers, das ich jezt
führe, nicht länger fortzusezen."[43]

Noch 1801 entschloß sich der rat- und rastlose Hölderlin dennoch zu einem vierten Versuch, als Hauslehrer
sein Glück zu versuchen. Der bereits genannte Friedrich
Jakob Ströhlin (1743–1802), Professor am Oberen Gymnasium in Stuttgart, verschaffte ihm eine Stelle in Bordeaux, wo er selbst vor Jahren Hofmeister gewesen war.[44]
Im Oktober meldete Landauer, Ströhlin habe Nachrichten
aus Bordeaux erhalten, die Hölderlin zufriedenstellen
könnten, er sei „vor der Hand von Predigen dispensirt",
erhalte 50 Ld'or Gehalt und 25 Ld'or Reisegeld.[45] Hölderlin sollte somit mehr als in Frankfurt verdienen. An
Boehlendorff schrieb er, er werde „als Hauslehrer und
Privatprediger in einem deutsch evangelischen Hauße"
wirken, und er freue sich „auf die Sonne der Provence".[46]
Wie vor seiner ersten Reise nach Waltershausen bestanden
offenbar recht unklare Vorstellungen über die Lage des
Zielorts. Die Reise nach Bordeaux, die äußerst mühselig
und gefährlich war und über die oft spekuliert wurde,[47] ist
hier nur insofern von Interesse, als deutlich werden kann,
welchen Strapazen sich Hofmeister, die sich im Ausland
verdingten, ausgesetzt sahen. Im übrigen gab Hölderlin in
Lyon als Beruf „homme de lettre" an, in den Rückreisepaß
vermerkte dann die zuständige Behörde: „instituteur"[48] –
auch ein Stück Desillusionierung.

Hölderlin war beim Hamburger Konsul und Weinhänd-
ler Daniel Christoph Meyer (1751–1818) angestellt,
einem mächtigen Mann, der eine stattliche Villa be-

wohnte, dem Bruder des Reiseschriftstellers Friedrich Johann Lorenz Meyer (1760–1844).[49] Meyer war seit etwa 1790 mit einer Französin verheiratet, und Hölderlin hatte vier Töchter aus dieser Ehe und mindestens noch ein Mädchen aus der ersten der Herrin zu betreuen. Die ersten Eindrücke waren, wie in den Fällen vorher, positiv, er möchte, schrieb er nach seiner Ankunft, sich seiner Aufgabe ganz widmen, der Konsul habe gemeint, er werde hier glücklich sein,[50] noch zu Ostern redete er von den „wahrhaft vortreflichen Menschen"[51].

Es bleibt ein Rätsel, weshalb Hölderlin wenig später Bordeaux wieder verließ. Die wichtigste Quelle für sein Scheitern ist ein Brief Schellings an Hegel 1803, in dem er seinen Eindruck von dem Heruntergekommenen nach seiner Heimkunft vermittelte: „Der traurigste Anblick, den ich während meines hiesigen Aufenthalts gehabt habe, war der von Hölderlin. Seit einer Reise nach Frankreich, wohin er auf eine Empfehlung von Professor Ströhlin mit ganz falschen Vorstellungen von dem, was er bei seiner Stelle zu thun hätte, gegangen war und woher er sogleich wieder zurückkehrte, da man Forderungen an ihn gemacht zu haben scheint, die er zu erfüllen theils unfähig war, theils mit seiner Empfindlichkeit nicht vereinen konnte – seit dieser fatalen Reise ist er am Geist ganz zerrüttet, und obgleich noch einiger Arbeiten, z.B. des Übersetzens aus dem Griechischen bis zu einem gewissen Puncte fähig, doch übrigens in einer vollkommenen Geistesabwesenheit."[52] Bezogen sich die „falschen Vorstellungen" Hölderlins und die „Forderungen" an ihn auf das erwartete Predigen, sollte er die Funktion des Predigers in der deutschen Kolonie übernehmen?[53] Da es hier Streitigkeiten wegen kirchlicher Probleme gab,[54] könnte ein Konflikt Hölderlins die Abreise erklären. War die Bemer-

kung über die vortrefflichen Menschen in Bordeaux vielleicht nur zur Beruhigung der Mutter und zur eigenen
Selbstrechtfertigung formuliert? Immerhin schilderte der
Pädagoge und Basedow-Biograph Johann Christian Meier
(1732–1815), der frühere Hauslehrer bei den Hamburger
Meyers,[55] den Konsul als recht arrogant und standesbe-
wußt[56]. Litt Hölderlin mehr an seiner Gemütsverfassung
als an den Umständen? War der Frankfurter Klatsch bis
nach Bordeaux gedrungen?[57] Zwischen den Frankfurter
Großbürgerfamilien und den deutschen Familien in Bordeaux gab es Verbindungen.[58] Litt Hölderlin an der ge-
schäftsmäßigen Großbürger- und Kaufherrenatmosphäre
bei den Meyers? „Fast wohn ich zu herrlich. Ich wäre froh
an sicherer Einfalt", schrieb er nach der Ankunft der
Mutter.[59] Es ist zu bedenken, daß Reinhard schon 1789
den Handlungsgeist in Bordeaux und gerade auch bei den
deutschen Kaufleuten anprangerte: Er schrieb von „kauf-
männischer Erwerbungssucht", „von einem so herzveren-
genden Egoism", vom „Eigennuz", den „moralischen
Pygmäen"; mit anderen Hofmeistern beklagte er zuweilen
seine Not in dieser Stadt, „wo Handlungsgeist alle Ideen
und alle Gefühle absorbirt". Und er sprach auch davon,
daß „dumme hamburgische Vorurteile" herrschten.[60]
Auch Hölderlins Hamburger Herr wirkte damals schon in
Bordeaux. Wurde für den citoyen Hölderlin aus politischen Gründen die Situation im Hause des bourgeois
Meyer unerträglich? Schließlich reiste er exakt zu dem
Zeitpunkt ab, als, auch für einen Ausländer sichtbar,
und dies gerade in dem royalistischen Bordeaux, Frankreich auf dem Weg zur Napoleonischen Alleinherrschaft
war.[61] Oder fühlte sich der „homme de lettre" Hölderlin als Domestik mißbraucht, wie viele Berufsgenossen
schon vor ihm? Hatte er überhaupt gewußt, daß er fünf

kleine – französisch sprechende! – Mädchen zu betreuen hatte?

Gleichwohl wird man nicht von einem Versagen als Pädagoge ausgehen können; immerhin soll, wie der Neffe Fritz Breunlin später berichtete, Landauer von Meyer „das schönste Zeugniß erhalten" haben.[62] Daß Hölderlins Interesse an pädagogischen Fragen auch nach seiner Rückkehr aus Bordeaux anhielt, belegt ein Brief seiner Mutter an Sinclair, in dem sie von einem nicht erhaltenen Schreiben des verstörten Sohnes von etwa Ende September 1802 und von seinen Bemerkungen über eben diesen Fritz Breunlin berichtete: „... der ganze Brief war beynahe von unserm l. Fritzle, seinem Befinden, desen Lehrer, u. Lehrart angefüllt, aber so daß man oft rathen mußte, ob er den Lehrer oder Lernenden meinte."[63]

Es muß noch Hölderlins letzte Informatorstelle genannt werden; sie ist so gut wie unbekannt, selbst bei guten Hölderlin-Kennern: Der Halbbruder Karl Gok schrieb in seinem Lebensabriß Hölderlins über die Zeit nach der Rückkehr aus Bordeaux: „So wechselnd die oft sehr gereizte Gemüthsstimmung Hölderlins in dieser Periode war, so hinderte ihn diese doch nicht neben seinen litterarischen Beschäftigungen, auch noch mehreren für das Studium der Theologie bestimmten Schülern, worunter der nachherige Rector Planck in Nürtingen, mit Erfolg Privat Unterricht in Griechisch zu geben."[64] Gemeint ist Heinrich Planck (1788–1839) – sein berühmtester Nachfahr war Max Planck –, von 1820 bis 1835 der Rektor der Nürtinger Lateinschule. Etwa vierzehn Jahre alt war Planck also damals. Es ist bemerkenswert, wie nach Gok dieser Unterricht des Gemütskranken dargestellt und wie der Vorgang ins Gegenteil verkehrt wurde: In den bekannten Lebensabrissen der beiden Schwabs, in den vierziger

Jahren des 19. Jahrhunderts verfaßt, lesen wir einmal: „Heftige Ausbrüche seiner Krankheit sänftigte wunderbar, mehr als einmal, eine Vorlesung aus dem griechischen Homer, die er einem talentvollen jungen Menschen hielt, den man öfters zu diesem Zwecke herbeirief."[65] Und zum anderen: „Ein jetzt verstorbener ausgezeichneter Schulmann, der damals noch die Nürtinger Schule besuchte, pflegte in seinen späteren Tagen oft zu erzählen, wie er, wenn man einen Ausbruch von Wuth bei dem Unglücklichen befürchtete, mit seinem Homer habe zu demselben kommen müssen und wie hiedurch sein Gemüth sich wunderbar erheitert habe."[66] Nach diesem Bericht war es also Hölderlin selbst, der in der Rolle des Zuhörers war. In einer maßgeblichen Biographie heißt es dann später: „Ein Nürtinger Schulmann, damals noch selbst Schüler, wußte sich in späteren Jahren zu erinnern, daß man Hölderlin bei bedrohlichen Stimmungen oft durch Vorlesen von Homerabschnitten beruhigen konnte."[67] Es versteht sich fast von selbst, daß diese angebliche Therapie, hinter der sich allem Anschein nach ein – nach Gok – erfolgreicher Unterricht durch Hölderlin selbst verbirgt, in der romanhaften Darstellung bei Peter Härtling noch ausgeschmückt wird.[68] Bei der Beurteilung einer anderen Unterrichtstätigkeit Hölderlins aus dieser Zeit, von der erst ein Jahrhundert später erzählt wird, ist ebenfalls Vorsicht geboten: Der Neffe Friedrich Breunlin, so wird behauptet, habe später erzählt, „daß er mit seiner älteren Schwester Heinrike eine Zeit lang Privatstunden vom Onkel gehabt, daß jedoch der Unterricht aufgehört habe, als Hölderlin in seiner Geistesgestörtheit einmal beide Schüler zum Fenster hinauswerfen wollte und sie sich nur durch die Flucht retten konnten"[69].

Während Quellen zur jeweiligen konkreten Haltung

Hölderlins in pädagogischen Situationen weitgehend fehlen, stehen doch Zeugnisse für seine Pädagogik zur Verfügung, die seine Hofmeistertätigkeit beleuchten können und an die man in diesem Zusammenhang meist gar nicht denkt: die Briefe an den Halbbruder Karl Gok. En passant sei hier bemerkt, daß das pädagogische Verhältnis von älteren Geschwistern zu jüngeren in der historisch-pädagogischen Forschung als Thema kaum entdeckt ist; bedeutsam war es, weil, anders als im 20. Jahrhundert, oft der Fall zu finden ist, daß das Alter der Kinder sehr verschieden war und von den älteren Geschwistern Erziehungsaufgaben erwartet wurden.

Karl Gok wurde 1776 geboren und erhielt, wie Hölderlin, in Nürtingen Schul- und Privatunterricht. Seit 1790 war er Schreiberlehrling in Nürtingen, legte 1796 sein Examen ab und wurde Anfang 1797 Schreiber bei einem Vetter in Markgröningen. Frühzeitig versuchte Hölderlin, seinen Bildungsgang zu beeinflussen. Eines der ersten Zeugnisse, die erhalten sind, ist der Eintrag der Verse aus Johann Martin Millers ›Siegwart. Eine Klostergeschichte‹ (1778):

> Leb als Christ, und duld' als Mann,
> Und blik ins beßre Leben![70]

Wie ein Leitmotiv durchzieht diese Maxime die Briefe Hölderlins an den Bruder. Zur gleichen Zeit, 1790, empfahl er, über die Mutter, die Lektüre einer „praktischen Logik", die er selbst vor Jahren „mit großem Nutzen" gelesen habe,[71] bald darauf, in einem Brief an die Schwester, als Heilmittel gegen Karls Unzufriedenheit „im Schreiberstande", die „Beschäftigung des denkenden Geistes", und er schlug vor, mit dem Jüngeren Aufsätze über noch zu bestimmende Themen zu wechseln, z.B. über die Frage: „Wie gelangt man zur waren Zufriedenheit".[72] Es ist wichtig zu bemerken, daß Hölderlin schon hier auch Gebender sein wollte, ein dialogisches Prinzip anstrebte und die eigenen Reflexionen einzubringen versuchte.[73] Die Briefe an Karl belegen, daß er als praktischer Pädagoge nicht die Rolle des Selbstsicherheit vortäuschenden Unfehlbaren spielte, sondern mit der Frage rang, wie, auch angesichts eigener Unzulänglichkeiten, die Entwicklung eines Anvertrauten ohne Autoritätsgehabe gefördert werden konnte. Hölderlin versuchte, das pädagogische Verhältnis zum Bruder auf das Prinzip der Freundschaft zu stellen, den eigenen Selbstbildungsprozeß in Beziehung zur Entwicklung des Stiefbruders zu setzen, ihm deutlich zu machen, daß ihr getrenntes Bemühen um Bildung an der Bewegung des Menschengeschlechts hin zu einem vollkommeneren Zustand teilhatte.[74] Insofern waren Hölderlins ausführliche Erläuterungen zur Philosophie der Zeit, zu Kant und Fichte vor allem zu ästhetischen und politischen Fragen kein kalkuliertes Bildungsmittel für den Schreiberlehrling in Nürtingen oder den Angestellten in Markgröningen, sondern Preisgaben von durchaus in Frage zu stellenden Positionen mit dem Ziel, in pädagogischer Absicht einen offenen Dialog zu führen. Auch die zahlreichen Ratschläge zur Lebensbewältigung, etwa die Ermahnung von 1794 „zu freier Thätigkeit des Geistes",[75] erfolgten nicht, ohne daß Karl wußte bzw. erfuhr, daß der große Bruder selbst ein Ungefestigter war; auch wenn dieser mahnte: „halte Dein besseres Selbst empor, und laß es durch nichts niederdrüken, durch nichts!"[76], brauchte er nicht zu fürchten, von einem Übermächtigen und über die Kämpfe Erhabenen belehrt zu werden. Selbst als Hölderlin im August 1794, unter dem Eindruck der Lektüre Kants und Fichtes stehend, dem Bruder eine Variation des für ihn zentralen Themas des Reifens zum Manne ausführlich formulierte, fuhr er doch nach seinen sehr bestimmt vorgetragenen Forderungen in der Wir-Form fort, die Maximen auf die politische Situation beziehend: „Wir müssen große Forderungen an uns machen, Bruder meines Herzens! Wollten wir sein, wie die Armseeligen, denen es so wol ist in dem Bewustsein ihres kleinen Werths? Glaube mir, mir wird sonderbar zu Muth, wenn ich der Hofnungen gedenke, die man sich vom folgenden Jarhundert macht, und die verkrüppelten, kleingeisterischen, rohen, anmaßlichen, unwissenden, trägen Jünglinge dagegen stelle, deren es überall so viele giebt, und die alsdann ihre Rolle spielen sollen. Die wenigen, die noch eine Ausnahme machen, müssen sich ermuntern und unterstüzen.“[77]

Hölderlins Analysen und Ratschläge bezogen sich konsequent auf Karls individuelles Schicksal; er vermittelte keine abstrakte Humanitätsbildung, sondern ließ sich auf die Frage ein, auf welche Weise dem an seiner Laufbahn Leidenden konkret geholfen werden und er zur Welt des Geistes geführt werden konnte. 1794 thematisierte er gegenüber der Mutter Karls „Anlagen zum brauchbaren Manne“ und schrieb, er „gehe immer mit dem Gedanken um, ihm ein angenemeres und seiner Bildung günstigeres Pläzchen zu verschaffen“.[78] Zwei Jahre später bedauerte er Karl wegen seiner mißlichen Lage als Hilfsschreiber[79] und schlug dann vor, daß er, am besten in Jena, studieren sollte; die Mutter stimmte allerdings nicht zu.[80] Hölderlin wollte – dies war in der Frankfurter Zeit – den Bruder dazu sogar finanziell unterstützen.[81] Im Sommer 1796 artikulierte er, wie, in Anlehnung an Karls Interessen, Talente und Vorkenntnisse, ein Studium geplant werden könnte: „Ich kann unmöglich glauben, daß unsere theure Mutter den soliden Gründen, die ich ihr vorlegen werde, ihren Beifall versagen und ihren Willen und Seegen Dir nicht zu einer Reise nach Jena geben wird. Du wirst die Wahrheit finden und doch wenigstens einen ganzen Freund, wie ich hoffe! Den Plan zu Deinem Studium möcht' ich zuvor von Dir selbst hören, um ganz in Beziehung auf Deinen eigenthümlichen Wunsch und Karakter meinen Vorschlag zu machen. Es läßt sich im Allgemeinen vieles plaudern, aber, um nüzlich zu seyn, müssen wir einander auch auf das, was jeder besonders ist und hat, aufmerken. An Aussichten kann es Dir zur rechten Zeit nicht fehlen. Du magst ein Fach ergreifen, welches Du willst, so bin ich gewiß, daß Du es darinn nicht bei der Mittelmäßigkeit wirst bewenden lassen, und Männer, die im Kameralfach oder in der Rechtspflege und Wissenschaft mehr als mittelmäßig, sind eben ihrer Seltenheit wegen jezt überall zum Lehrstuhl oder zum Geschäfftsleben äußerst gesucht. In jedem Falle kannst Du Hofmeister werden, so gut wie ich, und glüklich seyn, und all' die Lumpereien des politischen und geistlichen Würtembergs und Deutschlands und Europa's auslachen, so gut, wie ich."[82] Im Oktober nahm Hölderlin dann das Thema wieder auf: „Ich wünschte der lieben Mutter ernstliche Meinung zu vernehmen über meinen Vorschlag, den ich diesen Sommer zu Verbesserung Deiner Lage that. Wir wollen sie nicht bestürmen; sie wird uns genau die ökonomischen Gründe sagen, die sie bestimmen, wenn sie gegen unsere Meinung ist. Philosophie mußt Du studiren, und wenn Du nicht mehr Geld hättest, als nöthig ist, um eine Lampe und Öl zu kaufen, und nicht mehr Zeit, als von Mitternacht bis zum Hahnenschrei. Das ist es, was ich in jedem Falle wiederhohle, und das ist auch Deine Meinung. Professoren und Universitäten kannst Du freilich im Nothfall entbehren, aber ich möchte Dir denn doch gönnen, lieber Junge! daß Du Dich weniger leiden müßtest, um Dein edelstes Bedürfniß zu befriedigen. Es sollte mich so herzlich freuen, einmal in Dir den Denker und Geschäfftsmann, wie es sich gehört, vereint zu sehen."[83]

Nach der Ablehnung des Studienplanes durch die Mutter und dem Verzicht Karls paßte sich Hölderlin rasch der neuen Situation an; dieses Eingehen auf sie war einmal Folge seiner eigenen finanziellen und psychischen Abhängigkeit von der Mutter, zum anderen Ergebnis einer pädagogischen Haltung, die davon ausging, daß nur in Anknüpfung an eine jeweilige Lebenssituation eine persönliche Entwicklung sinnvoll erschien. Er schrieb im November 1796 an Karl: „Du hast äußerst richtig und schön in Deinen geäußerten Gesinnungen das Feuer jugendlicher Thätigkeit, die in's Unendliche geht, mit der Einschränkung derselben auf ein freies häusliches Leben gepaart. Darinn bestehet alle Lebensweisheit, daß wir uns nicht zu sehr ausdehnen und nicht zu sehr konzentriren, und ein Mensch, der bei ausgebreitetem Geiste, doch mit einfachem Herzen seinen eignen Boden pflanzt und seine Kinder erzieht, also der Mensch, der Du sehr leicht werden wirst, scheint mir nach allem, was ich gedacht und erfahren, der glüklichste und der menschlichste, also der vollkommenste Mensch zu seyn. Du wirst sicher bald eine Lage finden, wo Du doch ein paar Stunden des Tages wirst Deinen Geist aus der ermüdenden Unthätigkeit, in der er freilich durch die meisten bürgerlichen Geschäffte erhalten wird, erheben können."[84] Auch als Karl seine Stelle in Markgröningen antrat, empfahl Hölderlin, seine geistige Weiterentwicklung in Anlehnung an die vorgefundene Situation zu betreiben. Sein Vorgesetzter könne Hilfestellung geben: „Du kennst ihn auch so weit, daß Du hoffen kannst, mit ihm in vernünftigen Gesprächen Deinen Geist, wo nicht zu bereichern, doch zu beleben. Er ist Mathematiker, und es wird Dir sehr wohl thun, nach Vollendung des naturrechtlichen Studiums, an die Mathematik zu gehen, die, wie Du finden wirst, die einzige Wissenschaft ist, die der möglichen wissenschaftlichen Vollkommenheit des Naturrechts an die Seite gesezt werden kann. Ich beschäfftige mich jezt häufig mit dieser herrlichen Wissenschaft, und finde, um es noch einmal zu sagen, daß diese – und die Rechtlehre, wie sie werden kann und muß, die einzigen, in diesem Grade vollkommenen reinen Wissenschaften sind im ganzen Gebiete des menschlichen Geistes."[85]

Im Gegensatz zu den kompromißlosen Formulierungen im ›Hyperion‹ über das Leben in entfremdenden Zuständen riet Hölderlin dem Bruder dazu, aus der abhängigen Situation das Beste zu machen, die Einzeltätigkeit aus Not als Bildungsmittel zu akzeptieren; es bleibe dahingestellt, ob in der folgenden Passage auch die Lektüre des ›Wilhelm Meister‹ und die ersten Enttäuschungen in Frankfurt eine Rolle spielen: „Ich weiß es zu schäzen, lieber Karl, daß Du so fleißig bist in Deinem bestimmten Geschäffte. Nicht sowohl, was wir treiben als wie wir etwas treiben, nicht der Stoff und die Lage, sondern die Behandlung des Stoffs und der Lage bestimmt den Werth der Menschenkraft. Es giebt in jeder menschlichen Thätigkeit eine Vollendung, auch unter den Akten. Freilich will der Fisch ins Wasser und der Vogel in die Luft, und so hat unter den Menschen auch einer ein ander Element als der andre. Nur muß man nicht denken, das Homogenste sei immer auch das angemessenste. Der idealische Kopf thut am besten, das Empirische, das Irrdische, das Beschränkte sich zum Elemente zu machen. Sezt er es durch, so ist er, und auch nur er, der vollkommene Mensch."[86] Im Februar 1798 reflektierte Hölderlin erneut das Thema des Verwiesenseins auf ein bestimmtes Geschäft und das Verhältnis zur Selbstbildung. Enttäuscht vom eigenen Schicksal, waren nun die Ratschläge noch weniger von einem Überlegenen gegeben, mehr noch: der Ratende gab zu erkennen, daß er selbst der Hilfe bedurfte: „Es beweist mir für Deine gute Natur, daß Du unter allen Deinen Geschäfften an ächtem innerem Leben doch immer gewinnst, wie ich sehe; von der andern Seite bestätiget Dein Beispiel mich in der Meinung, die ich schon oft zu Gunsten der mechanischen Arbeit wagte; daß sie weniger tödtend sei, als eine Wirksamkeit, wo im Object und in der Behandlung die Willkühr möglicher ist; daß sie den Menschen weniger zerreiße, als ein moralisch Geschäfft; daß sie uns leidenschaftsloser lasse, in so fern die Leidenschaft doch wohl vornehmlich durch die Ungewißheit kömmt, in der wir uns befinden, wenn ein unbestimmter Gegenstand uns keine bestimmte Richtung nehmen läßt."[87] Es ist wichtig zu konstatieren, daß Hölderlin nun keineswegs einem Rückzug in die Privatheit das Worte redete. Im Gegenteil riet er Karl Gok, die beschränkte Lage bzw. die spezielle Tätigkeit als Basis für politische Bildung zu nehmen, und nicht etwa die Schriftstellerlaufbahn zu avisieren: „Ist es Dein Ernst, als Schriftsteller auf den deutschen Karakter zu wirken und diß ungeheure Brachfeld umzuakern und anzusäen, so wollt' ich Dir rathen, es lieber in oratorischen, als poëtischen Versuchen zu thun. Du würdest schneller und sicherer zum Zweke gelangen. Ich wunderte mich schon oft, daß unsere guten Köpfe nicht häufiger darauf gerathen, eine kraftvolle Rede zu schreiben, z. B. über den Mangel an Natursinn bei den Gelehrten und Geschäfftsleuten, über religiöse Sclaverei p. p. Dir liegen politische und moralische Gegenstände im Vaterlande besonders nah, z. B. Zünfte, Stadtrechte, Com-

91

munrechte p.p. Zu geringfügig sind derlei Objecte gewiß nicht, und Du bist durch Deine Lokalkenntniß dazu berufen, wenigstens für den Anfang. Doch will ich mit dem allem nichts Dir ein- und ausreden."[88] Hölderlin verband hier seine pädagogische Funktion konsequent mit einer Revision eigener Lebensplanung, die pädagogische Absicht trat hinter der eigenen Preisgabe fast zurück: „Lieber Karl! ich spreche wie einer, der Schiffbruch gelitten hat. So einer räth nur gar zu gerne, daß man im Hafen bleiben soll, bis die beste Jahrszeit zu der Fahrt vorhanden sei. Ich hatte offenbar zu früh hinausgestrebt, zu früh nach etwas Großem getrachtet, und muß es wohl, so lang ich lebe, büßen; schwerlich wird mir etwas ganz gelingen, weil ich meine Natur nicht in Ruhe und anspruchloser Sorgenlosigkeit aufreifen ließ."[89] Und dann die erschütternden Sätze, die zeigen, wie sehr der zur Erziehung Bestellte selbst der Führung bedurfte: „Weist Du die Wurzel alles meines Übels? Ich möchte der Kunst leben, an der mein Herz hängt, und muß mich herumarbeiten unter den Menschen, daß ich oft so herzlich lebensmüde bin. Und warum das? Weil die Kunst wohl ihre Meister, aber den Schüler nicht nährt. Aber so etwas sag' ich nur Dir. Nicht wahr, ich bin ein schwacher Held, daß ich die Freiheit, die mir nöthig ist, mir nicht ertroze. Aber siehe, Lieber, dann leb' ich wieder im Krieg, und das ist auch der Kunst nicht günstig. Laß es gut seyn! Ist doch schon mancher untergangen, der zum Dichter gemacht war. Wir leben in dem Dichterklima nicht. Darum gedeiht auch unter zehn solcher Pflanzen kaum eine."[90]

5. KINDHEIT UND JUGEND IM ›HYPERION‹

Hölderlin als Pädagoge artikulierte sich außer in den Briefen vor allem im ›Hyperion‹. Wenn hier aus Raumgründen auch kein Exkurs auf das Gebiet der Bildungsphilosophie unternommen werden, wenn auch die Romanstruktur bzw. die Frage nach dem „Bildungsroman" ›Hyperion‹ nicht thematisiert werden kann,[1] müssen doch wenigstens einige wesentliche Passagen, die das bisher Gesagte präzisieren und quasi kommentieren können, zitiert werden. Es versteht sich dabei von selbst, daß man hierbei nicht so vorgehen kann, wie es zuweilen geschehen ist, als ob Hölderlin als Fachpädagoge seine Vorstellungen in Romanform gebracht hätte.[2]

Bereits im ›Thalia‹-Fragment (1794) rang Hölderlin, auch als Folge seiner Beschäftigung mit Rousseau, Kant und Schiller, um den Begriff der Bildung, ihre Bestimmung als einer „exzentrischen Bahn" verweist auf den Versuch, das alte Thema des reinen kindlichen Erlebens mit neu herzustellender Humanitätsbildung zu verknüpfen. In der Vorrede heißt es bedeutsam: „Es giebt zwei Ideale unseres Daseyns: einen Zustand der höchsten Einfalt, wo unsre Bedürfnisse mit sich selbst, und mit unsern Kräften, und mit allem, womit wir in Verbindung stehen, durch die bloße Organisation der Natur, ohne unser Zuthun, gegenseitig zusammenstimmen, und einen Zustand der höchsten Bildung, wo dasselbe statt finden würde bey unendlich vervielfältigten und verstärkten Bedürfnissen und Kräften, durch die Organisation, die wir uns selbst zu geben im Stande sind. Die exzentrische Bahn, die der Mensch, im Allgemeinen und Einzelnen, von einem Punkte (der mehr oder weniger reinen Einfalt) zum andern (der mehr oder weniger vollendeten Bildung) durchläuft, scheint sich, nach ihren wesentlichen Richtungen, immer gleich zu seyn."[3] Wie immer diese Sentenz, die den in der Bildungsphilosophie der Zeit häufig anzutreffenden Bezug zwischen Gang der Menschheit und Entwicklung des Individuums knapp benennt, im einzelnen zu interpretieren ist,[4] sie kann verdeutlichen, wie sehr Hölderlin in Waltershausen unter der Aussichtslosigkeit gelitten haben muß, sich in seiner praktischen Pädagogik dem hier artikulierten Zustand der Aufhebung der ursprünglichen Harmonie in einem neu herzustellenden anzunähern. In der metrischen Fassung des ›Hyperion‹ bzw. im Prosaentwurf dazu wird dann die pädagogische Thematik von Waltershausen noch einmal insofern aufgenommen, als der Irrweg betont wird, eine Bildung gegen die Natur versuchen zu wollen.[5] Auch in ›Hyperions Jugend‹, wahrscheinlich größtenteils in Jena 1795 verfaßt, heißt es in diesem Sinne: „Stolz schlug ich die Hülfe aus, womit uns die Natur in jedem Geschäfte des Bildens entgegenkömmt, die Bereitwilligkeit, womit der Stoff dem Geiste sich hingiebt; ich wollte zähmen und zwingen. Ich richtete mit Argwohn und Härte mich und andre. Für die stillen Melodien des Lebens, für das Häusliche und Kindliche hatt' ich den Sinn beinahe ganz verloren."[6]

In der endgültigen Fassung nimmt die Pädagogik einen großen Raum ein, der bildungsphilosophische Entwurf wird durch didaktische Analysen ergänzt, die Problematik des Lehrer-Schüler-Verhältnisses ausführlich thematisiert. Bereits im zweiten Brief des ›Hyperion‹ wird das rousseauistisch-kulturkritische Motiv des Antischolastizismus angeschlagen, gegen den entfremdenden Wissenschaftsbetrieb polemisiert, gegen das Mißverständnis, Gelehrsamkeit sei mit Bildung identisch: „Ach! wär' ich nie in eure

Schulen gegangen. Die Wissenschaft, der ich in den Schacht hinunter folgte, von der ich, jugendlich thöricht, die Bestätigung meiner reinen Freude erwartete, die hat mir alles verdorben. Ich bin bei euch so recht vernünftig geworden, habe gründlich mich unterscheiden gelernt von dem, was mich umgiebt, bin nun vereinzelt in der schönen Welt, bin so ausgeworfen aus dem Garten der Natur, wo ich wuchs und blühte, und vertrokne an der Mittagssonne. O ein Gott ist der Mensch, wenn er träumt, ein Bettler, wenn er nachdenkt, und wenn die Begeisterung hin ist, steht er da, wie ein misrathener Sohn, den der Vater aus dem Hause stieß, und betrachtet die ärmlichen Pfennige, die ihm das Mitleid auf den Weg gab."[7]

Kindliche Ganzheit und Harmonie ist Vorbild für neue Identität, nach vollendetem Bildungsgang. Dem an der verderbten Gesellschaft leidenden Hyperion ist die Naivität des Kindes ein Zufluchtspunkt, weil es noch bei sich ist, in Harmonie mit sich und der Natur, nicht entfremdet; es ist „ganz, was es ist": „Ruhe der Kindheit! himmlische Ruhe! wie oft steh' ich stille vor dir in liebender Betrachtung, und möchte dich denken! Aber wir haben ja nur Begriffe von dem, was einmal schlecht gewesen und wieder gut gemacht ist; von Kindheit, Unschuld haben wir keine Begriffe. Da ich noch ein stilles Kind war und von dem allem, was uns umgiebt, nichts wußte, war ich da nicht mehr, als jezt, nach all den Mühen des Herzens und all dem Sinnen und Ringen? Ja! ein göttlich Wesen ist das Kind, solang es nicht in die Chamäleonsfarbe der Menschen getaucht ist. Es ist ganz, was es ist, und darum ist es so schön. Der Zwang des Gesezes und es Schiksaals betastet es nicht; im Kind' ist Freiheit allein. In ihm ist Frieden; es ist noch mit sich selber nicht zerfallen. Reichtum ist in ihm; es kennt sein Herz, die Dürftigkeit des Lebens nicht.

Es ist unsterblich, denn es weiß vom Tode nichts. Aber das können die Menschen nicht leiden. Das Göttliche muß werden, wie ihrer einer, muß erfahren, daß sie auch da sind, und eh' es die Natur aus einem Paradiese treibt, so schmeicheln und schleppen die Menschen es heraus, auf das Feld des Fluchs, daß es, wie sie, im Schweiße des Angesichts sich abarbeite."[8] Schon für Werther waren die Kinder „so unverdorben, so ganz", waren ihm „am nächsten auf der Erde", in ihnen sah er „die Keime aller Tugenden, aller Kräfte", in ihrem Eigensinn „künftige Standhaftigkeit und Festigkeit des Charakters", im Mutwillen „guten Humor und Leichtigkeit, über die Gefahren der Welt hinzuschlüpfen", sie waren ihm „Muster" und nicht als Untertanen zu behandeln.[9] Auch in der Schrift ›Über naive und sentimentalische Dichtung‹ des verehrten Schiller konnte Hölderlin lesen: „Unsre Kindheit ist die einzige unverstümmelte Natur, die wir in der kultivierten Menschheit noch antreffen, daher es kein Wunder ist, wenn uns jede Fußstapfe der Natur außer uns auf unsre Kindheit zurückführt."[10]

Es ist Hyperions Lehrer Adamas, dessen Erscheinung zeigt, wie ein pädagogischer Bezug möglich ist, ohne daß jene kritisierte Entfremdung von Geistigem eintritt. In seiner Gestalt wird das Bewußtsein manifest, daß sich die bildsame Wirkung des Lehrers nicht in der Vermittlung abstrakter Geistigkeit erschöpfen, daß die heranreifende Individualität des Schülers nicht schlicht Objekt pädagogischer Planung sein darf, ja daß der Schüler selbst zum Leitbild für den Lehrer werden kann. Man denke in diesem Zusammenhang auch an die Ode ›Sokrates und Alcibiades‹:

'Warum huldigest du, heiliger Sokrates,
  Diesem Jünglinge stets? kennest du Größers nicht?

Warum siehet mit Liebe,
Wie auf Götter, dein Aug' auf ihn?'

Wer das Tiefste gedacht, liebt das Lebendigste,
Hohe Jugend versteht, wer in die Welt geblikt
Und es neigen die Weisen
Oft am Ende zu Schönem sich.[11]

Adamas zeigt dem jungen Hyperion den Weg, er kultiviert
die Anlagen, gibt Halt: „Ich war aufgewachsen, wie eine
Rebe ohne Stab, und die wilden Ranken breiteten rich-
tungslos über dem Boden sich aus. Du weist ja, wie so
manche edle Kraft bei uns zu Grunde geht, weil sie nicht
genüzt wird. Ich schweiffte herum, wie ein Irrlicht, griff
alles an, wurde von allem ergriffen, aber auch nur für den
Moment, und die unbehülflichen Kräfte matteten verge-
bens sich ab. Ich fühlte, daß mir's überall fehlte, und
konnte doch mein Ziel nicht finden. So fand er mich."[12]
Die Kennzeichnung dieses pädagogischen Verhältnisses er-
folgt auf dem Hintergrund der vehement vorgetragenen
Gesellschafts- und Kulturkritik. Eine reine Menschenbildung wäre für den Pädagogen Adamas im Deutschland
der Gegenwart kaum möglich, die Suche nach dem reinen
Menschentum verweist auf die Welt der alten Griechen:
„Er hatt' an seinem Stoffe, der sogenannten kultivirten
Welt, lange genug Geduld und Kunst geübt, aber sein Stoff
war Stein und Holz gewesen und geblieben, nahm wohl
zur Noth die edle Menschenform von außen an, aber um
diß war's meinem Adamas nicht zu thun; er wollte Menschen, und, um diese zu schaffen, hatt' er seine Kunst zu
arm gefunden. Sie waren einmal da gewesen, die er suchte,
die zu schaffen, seine Kunst zu arm war, das erkannt' er
deutlich. Wo sie da gewesen, wußt' er auch. Da wollt' er
hin und unter dem Schutt nach ihrem Genius fragen, mit

diesem sich die einsamen Tage zu verkürzen. Er kam nach Griechenland. So fand ich ihn."[13] In diesem Lehrer-Schüler-Verhältnis herrscht „die Allmacht der ungetheilten Begeisterung", die jede Art von pädagogischer Raffinesse ausspart: „Sie weilt nicht auf der Oberfläche, faßt nicht da und dort uns an, braucht keiner Zeit und keines Mittels; Gebot und Zwang und Überredung braucht sie nicht; auf allen Seiten, in allen Tiefen und Höhen ergreift sie im Augenblik' uns, und wandelt, ehe sie da ist für uns, ehe wir fragen, wie uns geschiehet, durch und durch in ihre Schönheit, ihre Seeligkeit uns um. Wohl dem, wem auf diesem Wege ein edler Geist in früher Jugend begegnete! O es sind goldne unvergeßliche Tage, voll von den Freuden der Liebe und süßer Beschäftigung!"[14] Adamas doziert nicht, er läßt Geschichte und Natur erfahren, er knüpft an die jeweilige Entwicklungsphase an, läßt anschauen, arrangiert pädagogische Situationen. Er ist ein nachrousseauscher Pädagoge, der bei seinem Planen im Zweifel von der Lage des Kindes oder des Jugendlichen, nicht von der zu vermittelnden fertigen „Kultur" ausgeht: „Bald führte mein Adamas in die Heroenwelt des Plutarch, bald in das Zauberland der griechischen Götter mich ein, bald ordnet' und beruhigt' er mit Zahl und Maas das jugendliche Treiben, bald stieg er auf die Berge mit mir; des Tags, um die Blumen der Haide und des Walds und die wilden Moose des Felsen, des Nachts, um über uns die heiligen Sterne zu schauen, und nach menschlicher Weise zu verstehen. Es ist ein köstlich Wohlgefühl in uns, wenn so das Innere an seinem Stoffe sich stärkt, sich unterscheidet und getreuer anknüpft und unser Geist allmählig waffenfähig wird."[15] Ein Vergleich dieser Stelle mit dem zitierten Brief Hölderlins an Ebel von 1795[16] verdeutlicht, daß hier auch praktische pädagogische Planungen Hölderlins artikuliert werden. Sie zeigt auch, daß hier die durch die Tradition des „pädagogischen Realismus" und die Rezeption Rousseaus[17] geprägte pädagogische Grundhaltung eine Verbindung mit neuhumanistischem Gedankengut eingeht. Hölderlin versucht im ›Hyperion‹, die Möglichkeit einer Versöhnung zwischen den in seiner Zeit rivalisierenden Strömungen des „Realismus" und „Humanismus" anzudeuten, indem er induktiv-„realistischen" Weg mit griechischem Paideia-Ideal verbindet.[18]

Der so von Adamas gebildete Hyperion ist, nach dieser Periode, freilich ein Fremdling unter den betriebsamen Menschen; nebenbei sei daran erinnert, daß in den pädagogischen Diskussionen der Zeit Hölderlins oft die Frage aufgeworfen wurde, wie der nach den Maßstäben reiner Menschenbildung Erzogene in den Kämpfen der Gesellschaft bestehen könne. In Smyrna empfindet der junge Hyperion schmerzlich seine Isolation inmitten von Roheit und Geschäftssinn; man denke auch an Hölderlins Lage unter den Frankfurter „Gesellschaftsmenschen". Die „bessergezognen Leute" in Smyrna lachen, wenn von „Geistesschönheit" und von „Jugend des Herzens" die Rede ist. „Sprach ich einmal vom alten Griechenland ein warmes Wort, so gähnten sie, und meinten, man hätte doch auch zu leben in der jezigen Zeit…"[19] Können die zu Menschen gebildeten einzelnen in dieser dürftigen Zeit bestehen, können sich die noch unbeschädigten Kinder später behaupten? Alabanda, den Hyperion nach seinem Aufenthalt in Smyrna kennenlernt, wird von dem Gedanken bewegt, daß die Bildungsfähigen vereinsamt untergehen werden: „Wenn ich ein Kind ansehe, rief dieser Mensch, und denke, wie schmählich und verderbend das Joch ist, das es tragen wird, und daß es darben wird, wie wir, daß es Menschen suchen wird, wie wir, fragen wird, wie wir, nach Schönem und Wahrem, daß es unfruchtbar vergehen wird, weil es allein seyn wird, wie wir, daß es – o nehmt doch eure Söhne aus der Wiege, und werft sie in den Strom, um wenigstens vor eurer Schande sie zu retten!"[20] Das Loblied auf die „Treflichkeit des alten Athenvolks"[21] belegt deutlich diese Verknüpfung von neuhumanistischem Griechenideal und rousseauistischer Grundtendenz. Im Gegensatz zu den Spartanern, die „Kindereinfalt" nicht gelten und die kindliche Natur nicht reifen ließen, die zu früh „die Ordnung des Instinkts" durchbrachen,[22] konnten die Athener „frei von gewaltsamem Einfluß aller Art" aufwachsen – die Bedingung ihrer Größe.[23] „Vollendete Natur muß in dem Menschenkinde leben, eh' es in die Schule geht, damit das Bild der Kindheit ihm die Rückkehr zeige aus der Schule zu vollendeter Natur."[24] „Laßt von der Wiege an den Menschen ungestört! treibt aus der eng-vereinten Knospe seines Wesens, treibt aus dem Hüttchen seiner Kindheit ihn nicht heraus! thut nicht zu wenig, daß er euch nicht entbehre und so von ihm euch unterscheide, thut nicht zu viel, daß er eure oder seine Gewalt nicht fühle, und so von ihm euch unterscheide, kurz, laßt den Menschen spät erst wissen, daß es Menschen, daß es irgend etwas außer ihm giebt, denn so nur wird er Mensch. Der Mensch ist aber ein Gott, so bald er Mensch ist. Und ist er ein Gott, so ist er schön."[25] Die geforderte Ungestörtheit des Bildungsganges bezieht sich auch auf das Verhältnis zur Tendenz, „den Staat zur Sittenschule" zu machen, wie Hölderlin schon vorher seinen Hyperion gegenüber Alabanda kritisch bemerken läßt.[26] Oft kann man, wie bereits einmal angeführt, in den neunziger Jahren die Polemik gegen die omnipotente Staatserziehung finden; in diesem Zusammenhang fällt das gewichtige Wort: „Immerhin hat das den Staat zur Hölle gemacht, daß ihn der

Mensch zu seinem Himmel machen wollte."[27] Das Elend
des „Nordens", das der Freiheit und dem Maß des alten
Athen – und auch der Monumentalität des Orients – gegenübergestellt wird, rührt nicht zuletzt aus falscher Erziehung: „Man muß im Norden schon verständig seyn, noch
eh' ein reif Gefühl in einem ist, man mißt sich Schuld von
allem bei, noch ehe die Unbefangenheit ihr schönes Ende
erreicht hat; man muß vernünftig, muß zum selbstbe-
wußten Geiste werden, ehe man Mensch, zum klugen
Manne, ehe man Kind ist; die Einigkeit des ganzen Menschen, die Schönheit läßt man nicht in ihm gedeihen und
reifen, eh' er sich bildet und entwikelt. Der blose Verstand,
die blose Vernunft sind immer die Könige des Nordens.
Aber aus blosem Verstand ist nie verständiges, aus bloser
Vernunft ist nie vernünftiges gekommen."[28] Auch diese
Stelle vergleiche man mit dem Ebel-Brief. Sie zeigt im übrigen, daß Hölderlin, dessen Dichtung, nicht zuletzt der
›Hyperion‹, eine starke Tendenz zu aufklärerischer Nationalerziehung aufweist,[29] immer stärker jene technizisti-
sche „Aufklärung" attackiert, die das Leben regulieren
will, indem es die Natur bekämpft.[30] Im zweiten Band des
›Hyperion‹ wird diese Kritik verstärkt. In dem oft zitierten
radikalen Urteil über den Zustand Deutschlands – „Hand-
werker siehst du, aber keine Menschen, Denker, aber
keine Menschen …"[31] – wird auch die Unmöglichkeit benannt, hier der Bildung zu leben. Bitter klagt Hyperion
über das Los der sich bildenden Jungen: „Voll Lieb' und
Geist und Hoffnung wachsen seine Musenjünglinge dem
deutschen Volk' heran; du siehst sie sieben Jahre später,
und sie wandeln, wie die Schatten, still und kalt, sind, wie
ein Boden, den der Feind mit Salz besäete, daß er nimmer
einen Grashalm treibt; und wenn sie sprechen, wehe dem!
der sie versteht, der in der stürmenden Titanenkraft, wie in

ihren Proteuskünsten den Verzweiflungskampf nur sieht, den ihr gestörter schöner Geist mit den Barbaren kämpft, mit denen er zu thun hat."[32]

ANMERKUNGEN

1. Hölderlin als Pädagoge. Kindheit und „Kindheit"

[1] Vgl. Paul Raabe, Hölderlins Bemühungen um den Druck seiner Werke, in: Bücherlust und Lesefreuden. Beiträge zur Geschichte des Buchwesens im 18. und frühen 19. Jahrhundert, Stuttgart 1984, S. 239–250. – Vgl. auch ders., Friedrich Wilmans, ein Verleger im Zeitalter der Aufklärung, in: Ebd., S. 165–207, S. 196 ff.

[2] In der Literatur über das Verhältnis von Hofmeisteramt und schriftstellerischer Laufbahn wird die Frage meist ausgeklammert, ob sich Hölderlin für pädagogische Grundfragen über das übliche Maß hinaus überhaupt interessierte. Vgl. Gerhard Sauder, Hölderlins Laufbahn als Schriftsteller, in: Hölderlin-Jahrbuch 24 (1984/85), S. 139–166.

[3] Siehe z. B. Johannes von den Driesch/Josef Esterhues, Geschichte der Erziehung und Bildung, Bd. 2, 3. Aufl., Paderborn 1952, S. 298 ff.

[4] Relativ ausführlich wird Hölderlin durch Zitieren diverser ›Hyperion‹-Stellen behandelt in Willy Moog, Geschichte der Pädagogik, Bd. 3, neu hrsg. von Franz-Josef Holtkemper, Ratingen/Hannover 1967, S. 284 f.

[5] Siehe Stuttgarter Ausgabe 6,2, S. 543, und Willy Bauer, Christian Ludwig Neuffer, Diss. Heidelberg 1931, S. 17.

[6] Nach 6,2, S. 557.

[7] Eine Briefstelle Schellings an Hegel (vom Januar 1796 aus Stuttgart) mag dies veranschaulichen: „Viele Grüße von Süskind, der hier als Hofmeister – siedet! Auch von Pfister, item Hofmeister allhier. Grüße Mögling, der den Winter recht epikureisch – auf seinem Dörfchen verleben wird. Daß Hölderlin in Frankfurt ist, wirst Du wissen" (7,2, S. 61). – Schelling war zu dieser Zeit Hofmeister zweier Barone von Riedesel (vgl. ebd. und 7,2, S. 71 f., außerdem (G. L. Plitt), Aus Schellings Leben. In Briefen, Bd. 1, Leipzig 1869, S. 91 ff.), Hegel Erzieher in Bern

(vgl. Hans Strahm, Aus Hegels Berner Zeit. Nach bisher unbekannten Dokumenten, in: Archiv für Geschichte der Philosophie, Bd. 41, 1932, S. 514–533. – Karl Rosenkranz: Georg Wilhelm Friedrich Hegels Leben, Darmstadt 1971 [Berlin 1844], S. 41 ff.)

[8] Vgl. die Kritik an den wichtigsten einschlägigen Arbeiten bei Clemens Menze, Hölderlins pädagogische Entwürfe aus seiner Hofmeisterzeit 1794/1795, in: Christoph Jamme/Otto Pöggeler (Hrsg.), „Frankfurt aber ist der Nabel dieser Erde". Das Schicksal einer Generation der Goethezeit, Stuttgart 1983, S. 261–283, S. 261 f. – Eine solche einseitige Hervorhebung einer bestimmten Thematik zeigt z. B. der Versuch, Hölderlins Parallele zum Neuhumanismus Niethammerscher Prägung (1808) aufzuzeigen und dem Philanthropismus entgegenzusetzen: Anna Faust, Dichterberuf und bürgerlicher Beruf in Hölderlins Leben und Werk, Diss. phil. (Masch.) Tübingen 1949, S. 59 ff. – Hier S. 138 ff. eine Darstellung der Erziehertätigkeit Hölderlins und seiner Auffassung von Erziehung. – Einige Publikationen weisen einen mißverständlichen Titel auf; sie behandeln z. B. Hölderlin als Mahner („Erzieher") in schwerer Zeit: Emil Henko, Der junge Hölderlin, in: Freideutsche Jugend 6/4 (1920), S. 123–128 (das ganze Heft ist dem „Gedächtnis Hölderlins" gewidmet). – W. Bernhard, Hölderlin als Erzieher. Zum 180. Geburtstag des Dichters, in: Süddeutsche Schul-Zeitung 4 (1950), S. 164 f. – Georg Krieger, Hölderlin als Erzieher, in: Die Bayerische Schule 12 (1959), S. 149–151. – Auch den folgenden Titel kann man mißverstehen: K. Lothar Wolf (Hrsg.), Hölderlin. Briefe zur Erziehung, Marburg 1950. Man findet Auszüge aus dem ›Hyperion‹ und Briefe an den Bruder. – Bei Sigfried Gauch, Hölderlin: Hofmeister in Isolationshaft, in: Die Horen 22 (1977), S. 40–42, wird versucht, sein Verhalten im Tübinger Turm in seiner Spätzeit mit den Eigentümlichkeiten der untergeordneten Hofmeisterexistenz zu erklären. – Schon in dem Aufsatz: Christian Tränckner: Die Tragödie Hölderlins, von seiner pädagogischen Tätigkeit aus betrachtet, in: Pädagogische Blätter. Zeitschrift für Lehrerbildung und Schulaufsicht 45 (1916), S. 357–366, wird darauf ver-

wiesen, daß seine psychische Gefährdung auch Ergebnis seiner Hauslehrertätigkeit war, ohne daß jedoch Hölderlin als Pädagoge in allen wesentlichen Bezügen gewürdigt wird. – Selbstverständlich kann hier auf einige Beiträge zurückgegriffen werden. Das gilt vor allem für zwei Aufsätze, auf die mit Nachdruck verwiesen sei: Clemens Menze, Hölderlins Deutung der Bildung als exzentrischer Bahn, in: Vierteljahrsschrift für wissenschaftliche Pädagogik 58 (1982), S. 435–482. – Ders., Hölderlins pädagogische Entwürfe, a. a. O. – An älterer Literatur sei genannt Kurt Düring, Hölderlins erzieherische Ideen im Hyperion, in: Vierteljahrsschrift für philosophische Pädagogik 6 (1924), S. 101–161. – Otto Kohlmeyer, Hyperion. Eine pädagogische Hölderlinstudie, Frankfurt a. M. 1924. – Vgl. die Kritik Menzes in: Hölderlins pädagogische Entwürfe, a. a. O., S. 262. – Vollständigkeitshalber sei noch angeführt Götz Eberhard Hübner, Hölderlin als Hofmeister und Erzieher. (Ungedr.) Vortrag Lessing-Akademie Wolfenbüttel 1974. Nach: Robert Hübner, Vaterländische Prozeßfiguration und dichterisches Prozeßverhalten in Hölderlins ›Franzisca‹-Ode, in: Hölderlin-Jahrbuch 18 (1973/1974), S. 62–96; 19/20 (1975–1977), S. 156–211; hier 19/20 (1975–1977), S. 160. – Diese Arbeit konnte leider nicht beschafft werden. – Es versteht sich von selbst, daß sich wertvolle Erkenntnisse und Hinweise über einzelne (Teil)bereiche in der später genannten Literatur über Hölderlin und Rousseau, den ›Hyperion‹ und Hölderlins Anteil an den philosophischen Diskussionen („Systemprogramm") finden.

[9] Vgl. Barbara Vopelius-Holtzendorff, Friedrich Hölderlin und das Geld, in: Kürbiskern 2 (1980), S. 139–159.

[10] Auf diese erzieherische Funktion des „Dichterberufs" hat schon Beißner hingewiesen: Friedrich Beißner, Erziehungsideen deutscher Schriftsteller. 3. Hölderlin, Internationale Rundfunkuniversität 1959. – Hölderlin-Archiv, Stuttgart. – Vgl. dazu auch Günther Deicke, Wiederbegegnung mit Hölderlin, in: Neue Deutsche Literatur 18/5 (1970), S. 101–115, S. 107.

[11] 6, 1, S. 58 f.

[12] Böhlendorff an Fellenberg 10. 5. 1799. – 7, 2, S. 136.

[13] 7,1, S. 281.

[14] Barbara Vopelius-Holtzendorff, Friedrich Hölderlin und das Geld, in: Kürbiskern 2 (1980), S. 139–159, S. 145. – Hier weitere Zahlen zum Vergleich.

[15] Einen Aufschluß über Hölderlins Kontakt zu Fellenberg könnte dessen autobiographisches Fragment geben, das sein Biograph Guggisberg (Kurt Guggisberg, Philipp Emanuel von Fellenberg und sein Erziehungsstaat, 2 Bde., Bern 1953) noch verwertete, das aber als unauffindbar zu gelten hat (Burgerbibliothek Bern). Schon in 6,2, S. 572 und 7,2, S. 137 wird das Fehlen bedauert. – Es ist allerdings nicht auszuschließen, daß die bei Guggisberg (Bd. 1, S. 295 ff.) genannten und ausgewerteten ›Reflexions‹ identisch mit jenem Fragment sind.

[16] Siehe Emanuel Fellenberg (Hrsg.), Pädagogische Blätter von Hofwyl, H. 2, Bern 1843, S. XXXVI ff. – Vgl. zu Fellenbergs Pädagogik außer Guggisberg noch Paul Schmid, Philipp Emanuel von Fellenberg. Seine pädagogischen Grundsätze und ihre Verwirklichung, Diss. Zürich 1937.

[17] Guggisberg, Bd. 1, S. 75 ff.

[18] Siehe Wolfgang von Wartburg, Weltanschauung und Lebensplan des jungen Philipp Emanuel Fellenberg. Ein Beitrag zur Geistesgeschichte des ausgehenden 18. Jahrhunderts, in: Archiv des Historischen Vereins des Kantons Bern 40 (1949), S. 51–119, S. 86.

[19] Guggisberg, Bd. 1, S. 155 ff. – Vgl. zu Pfeffels Institut Gabriel Braeuner, Die Militärakademie von Colmar, in: Gottlieb Konrad Pfeffel. Satiriker und Philanthrop (1736–1809). Eine Ausstellung der Badischen Landesbibliothek Karlsruhe, Karlsruhe 1986, S. 155–171.

[20] Guggisberg, Bd. 1, S. 178.

[21] Ebd., S. 192 ff.

[22] Ebd., S. 199 ff.

[23] Ebd., S. 487 ff.

[24] Ebd., S. 498 ff. – Vgl. Philipp Emanuel von Fellenberg, Bericht über die pädagogischen Bestrebungen von Hofwyl in ihren Verhältnissen zu den höchsten Interessen des Menschenge-

schlechts, in: Emanuel Fellenberg (Hrsg.), Pädagogische Blätter von Hofwyl, H. 1, Bern 1843, S. 2.

[25] An die Schwester 20.4.1795. – 6,1, S. 166 f.

[26] Paul Schwartz, Die Gelehrtenschulen Preußens unter dem Oberschulkollegium (1787–1806) und das Abiturientenexamen, Bd. 3, Berlin 1912 (MGP Bd. 50), S. 36 und S. 39 f.

[27] 6,2, S. 738.

[28] 6,2, S. 167 und S. 739.

[29] Siehe Erhard Hirsch, „Zierde und Inbegriff des XVIII. Jahrhunderts". Der Dessau-Wörlitzer Kulturkreis im Spiegel der zeitgenössischen Urteile, in: Studien über den Philanthropismus und die Dessauer Aufklärung. Vorträge zur Geistesgeschichte des Dessau-Wörlitzer Kulturkreises, Halle/S. 1970 (= Wissenschaftliche Beiträge der Martin-Luther-Universität Halle–Wittenberg, 1970/3 [H 8]), S. 100–149, S. 116 ff.

[30] Richard Alewyn, „Wem sonst als Dir?" Eine Mitteilung, in: Hölderlin-Jahrbuch 9 (1955/56), S. 219.

[31] Vgl. z. B. A. H. Niemeyer, Grundsätze der Erziehung und des Unterrichts für Eltern, Hauslehrer und Erzieher, Halle 1796, hrsg. v. H.-H. Groothoff und U. Herrmann, Paderborn 1970, Einleitung. – An anderer Stelle (J. L. Schulze/G. C. Knapp/A. H. Niemeyer [Hrsg.], Frankens Stiftungen: Eine Zeitschrift zum Besten vaterloser Kinder, Bd. 3, Halle 1796, S. 289 f.) schreibt Niemeyer, das Philanthropin sei ein Konkurrenzunternehmen zum Pädagogium gewesen, da man neuere und bessere Methoden versprochen hätte.

[32] Vgl. die Charakterisierung Franckes bei August Hermann Niemeyer, Geschichte des Königlichen Pädagogiums seit seiner Stiftung bis zum Schluß des ersten Jahrhunderts, Halle 1796, S. 19 ff.: Francke habe das Hauptaugenmerk darauf gerichtet, „den Geist der Jugend heiter und thätig zu erhalten und weder durch Ueberladung mit anstrengenden Geschäften, noch durch Vernachlässigung dessen, wovon im würklichen Leben Gebrauch gemacht werden kann, eine gewisse Düsterheit des Sinnes oder gelehrte Pedanterey zu befördern". „Man begünstigte alle Arten unschuldiger Spiele, und es war eine der ersten

Sorgen, Spielraum zu verschaffen." „Im Gegentheil drang er
darauf, daß man der Jugend alles angenehm zu machen suchen
müsse, um sie nicht gleich Anfangs vom Lernen abzuschrecken."
„Arbeit und Spiel waren ihm sehr verschiedene Begriffe. Er
sorgte für die Spiele der Jugend, aber er betrachtete sie als Mittel,
Lust zur Arbeit zu erwecken."

33 Siehe zu Klemm und seiner Pädagogik: 6,2, S.491 und
S.540f. – Württembergische Kommission für Landesgeschichte
(Hrsg.), Geschichte des humanistischen Schulwesens in Würt-
temberg, Bd.3, 1. Halbband, Stuttgart 1927 (darin: Reinhold
Stahlecker, Allgemeine Geschichte des Lateinschulwesens und
Geschichte der Lateinschulen ob der Steig). – Rudolf Keck, Mitt-
lere Schule in Württemberg. Ihre Motivation und Entwicklung
von der Reformation bis zur Gegenwart unter besonderer Be-
rücksichtigung von Stuttgart und Ulm a.d. Donau, Diss. phil.
Saarbrücken 1966, S.71f.

34 J.Roos, Aus den Papieren einer schwäbischen Familie. Aufzeichnungen der Vorfahren der Familie Klemm, Calw/Stuttgart
1898, S.40f.

35 Auf folgende Literatur über Hölderlins Kindheit und
Schulzeit sei besonders hingewiesen: 7,1, S.257ff. – Christian
Gottlieb Wunderlich, Die ehemaligen Klosterschulen und die jetzigen niedern evangelischen Seminarien in Würtemberg, Stuttgart 1833. – Julius Klaiber, Hölderlin, Hegel und Schelling in
ihren schwäbischen Jugendjahren. Eine Festschrift zur Jubelfeier
der Universität Tübingen, Stuttgart 1877 (unveränderter Nachdruck Frankfurt a.M. 1981). – Julius Eitle, Der Unterricht in den
einstigen württembergischen Klosterschulen von 1556–1806,
Berlin 1913 (= Beihefte zu der Zeitschrift für Geschichte der Erziehung und des Unterrichts, 3: Beiträge zur Geschichte der Erziehung und des Unterrichts in Württemberg). – Gustav Lang,
Friedrich Hölderlin in Maulbronn, in: Der Schwäbische Bund,
Bd.1, Okt. 1919 – März 1920, S.577–589. – Joseph Claverie,
La Jeunesse d'Hoelderlin jusqu'au roman d'Hypérion, Paris
1921. – Marshall Montgomery, Friedrich Hölderlin and the
German Neo-Hellenic Movement, Part 1 (mehr nicht erschie-

nen), London 1923. – Wilhelm Böhm, Hölderlin, Bd. 1, Halle/S. 1928. – Gustav Lang, Geschichte der württembergischen Klosterschulen von ihrer Stiftung bis zu ihrer endgültigen Verwandlung in Evangelisch-theologische Seminare, Stuttgart 1938. – Friedrich Siegmund-Schultze, Der junge Hölderlin. Analytischer Versuch über sein Leben und Dichten bis zum Schluß des ersten Tübinger Jahres, Breslau 1939. – Johannes Allmendinger, Hölderlins Jugendjahre, in: Études Germaniques 8 (1953), S. 6–11. – Otto Heuschele, Der junge Hölderlin, in: Otto Heuschele, Weg und Ziel. Essays, Reden und Aufsätze, Heidenheim 1958, S. 177–195. – Heinrich Fausel, Hölderlin als Klosterschüler, in: Reutlinger Generalanzeiger vom 22. Mai 1959, Beilage ›Unsere Heimat‹. – Ulrich Häussermann, Friedrich Hölderlin in Selbstzeugnissen und Bilddokumenten, Reinbek 1961. – Wilhelm Michel, Das Leben Friedrich Hölderlins, Darmstadt 1963, S. 5 ff. – J. M. Lindsay, The Education of Hölderlin and Mörike, in: Modern Languages 45 (1964), S. 61–68. – Robert Minder, Hölderlin unter den Deutschen, in: Robert Minder, ›Hölderlin unter den Deutschen‹ und andere Aufsätze zur deutschen Literatur, Frankfurt a. M. 1966, S. 20–45. – Friedrich Nicolin, Zu Hölderlins Bildungsgang. Dokumente – Hinweise – Berichtigungen, in: Hölderlin-Jahrbuch 16 (1969/70), S. 228–253. – Karoline Fahn, Der Mensch Hölderlin, in: Pädagogische Welt. Monatsschrift für Unterricht und Erziehung, 24/2 (1970), S. 120–123. – Werner Volke (Hrsg.), Hölderlin zum 200. Geburtstag, Ausstellungskatalog Marbach/N. 1970. – Roy C. Shelton, The Young Hölderlin, Bern/Frankfurt a. M. 1973, S. 14 ff. – Götz Eberhard Hübner, Vaterländische Prozeßfiguration und dichterisches Prozeßverhalten in Hölderlins ›Franzisca‹-Ode, in: Hölderlin-Jahrbuch 18 (1973/74), S. 62–96; 19/20 (1975–77), S. 156–211. – Günter Mieth, Friedrich Hölderlin. Dichter der bürgerlich-demokratischen Revolution, Berlin 1978. – Eva Carstanjen, Hölderlins Mutter, in: Hölderlin-Jahrbuch 22 (1980/81), S. 357–360. – Barbara Vopelius-Holtzendorff, Familie und Familienvermögen Hölderlin-Gock, in: Hölderlin-Jahrbuch 22 (1980/81), S. 333–356. – Marianne Beese, Friedrich Hölderlin, Leipzig

1981, S. 5 ff. – Pierre Bertaux, Friedrich Hölderlin, Frankfurt a. M. 1981, S. 260 ff. – Pierre Bertaux, „Das fatale Nürtingen", in: Pierre Bertaux, Hölderlin-Variationen, Frankfurt a. M. 1984, S. 148–165. – Stephan Wackwitz, Friedrich Hölderlin, Stuttgart 1985, S. 10 ff. – Die Schrift: Walter Hallbauer, Friedrich Hölderlin. Kindheit und Jugend (um 1960) (Ms. 4° im Literaturarchiv Marbach) ist dichterisch nachempfunden.

³⁶ C. F. Duttenhofer wurde 1777 Pfarrer in Gronau. Siehe ADB.

³⁷ C. F. Duttenhofer, Predigten über die Erziehung der Kinder, Stuttgart 1778, S. 76 f. (aus der 4. Predigt).

³⁸ So schreibt etwa A. Fausel, Hölderlin als Klosterschüler, a. a. O., über die Umwelt, in der Hölderlin aufwuchs: „es ist die ehrenfeste und geordnete Welt des altwürttembergischen Protestantismus, jene eigentümliche, heute noch wirksame Symbiose von Gottesfurcht und guter Sitte, von bürgerlicher Zuverlässigkeit und selbstverständlich geltender kirchlicher Lebensform. Hier gilt Maß und Ordnung, bürgerliche Bewährung und redlicher Fleiß, nüchterne Arbeit und stiller Gehorsam, dies alles erwachsend aus dem Grunde religiöser Verantwortung."

³⁹ Bei S. Gauch, Hölderlin: Hofmeister in Isolationshaft, a. a. O., S. 40 f., lesen wir: „Hölderlin, getrimmt auf Gehorsam gegenüber der Mutter (‚sie hat ihn geliebt‘ schreibt Härtling in seinem Buch in der ‚Widmung‘ an Johanna Gok), Gehorsam gegenüber Gott, den die Mutter an der verstorbenen Väter Stelle herbeizitiert, gegenüber der Obrigkeit im Stift, die in Gedichten anzusingen der junge Studiosus gezwungen wurde, gegenüber den ‚Herrschaften‘ seiner Hofmeisterstellen, für die er Domestike war: Hölderlin, von der Mutter, die ihn als ihren ‚Geliebten-Sohn‘ ansieht, zeitlebens daran gehindert, zu Frauen komplikationslose Beziehungen einzugehen, ohne Möglichkeit, seine Kräfte als Junge an der ersten natürlichen Obrigkeit: dem Vater zu messen, der ‚in den Himmel entrückt‘ ist."

⁴⁰ Siehe 6, 2, S. 502.

⁴¹ Siehe z. B. 6, 2, S. 487.

⁴² Siehe 7, 1, S. 301.

43 Sämtl. Werke, hrsg. v. Dietrich E. Sattler, Frankfurt a. M. 1975 ff., Bd. 9, S. 405. Vgl. dazu die entsprechende Stelle bei Chr. Th. Schwab (Sämtl. Werke, hrsg. v. Christoph Theodor Schwab, 2 Bde., Stuttgart/Tübingen 1846, Bd. 2, S. 263 ff.: ›Hölderlins Leben‹), zit. 7, 1, S. 300 f.

44 Vgl. 6, 2, S. 3 f. und S. 487.

45 Sattler, Bd. 9, S. 405.

46 Siehe 7, 1, S. 301 ff.

47 David Christoph Seybold, zit. bei Volke (1970), S. 53 f.

48 Hermann Hesse, Unterm Rad. – Gesammelte Dichtungen, Bd. 1, Frankfurt a. M. 1952, S. 418. Vgl. zu dem autobiographischen Hintergrund bei Hesse: Ninon Hesse (Hrsg.), Kindheit und Jugend vor Neunzehnhundert. Hermann Hesse in Briefen und Lebenszeugnissen, 2 Bde., Frankfurt a. M. 1973 und 1978.

49 Daß es sich vor allem um die Söhne von Pfarrern und hochgestellten Verwaltungsbeamten handelt, zeigt die Liste der Nürtinger Prüflinge 1783. Siehe 7, 1, S. 301. – Wie hoch der Anteil der Pfarrersöhne ist, zeigt Hölderlins Promotion in Denkendorf. Von den 29 Schülern sind allein 12 Söhne von Pfarrern; dabei sind andere hohe Kirchenbedienstete nicht mitgezählt. Siehe 7, 1, S. 312 ff.

50 Walter Jens, Eine deutsche Universität. 500 Jahre Tübinger Gelehrtenrepublik, München 1981, S. 110.

51 Vgl. Friedrich Paulsen, Geschichte des gelehrten Unterrichts, Bd. 1, 3. Aufl., Leipzig 1919, S. 276 ff. – Vgl. auch Bd. 2, 1921, S. 156 f.

52 Rezension in Friedrich Nicolais ›Allg. Dt. Bibl.‹ (1792, Bd. 110, 1. Stück, S. 188 ff.) über: Philip Heinrich Schuler, Freymüthige Beschreibung des neuesten kirchlichen Zustandes im Herzogthum Wirtemberg, Frankfurt a. M./Leipzig 1791 (Gebauer in Halle). Zit. nach: Volke (1970), S. 34 f. – Vgl. Lang, a. a. O., S. 446 ff.

53 Nach J. Eitle, a. a. O., S. 62 f. – Lang, a. a. O., S. 444 ff. – Günter Mieth, Friedrich Hölderlin. Dichter der bürgerlich-demokratischen Revolution, Berlin 1978, S. 9.

54 J. Eitle, a. a. O., S. 3 und S. 48.

[55] Vgl. für die Erziehungspraxis u. das Curriculum vor allem Wunderlich, Eitle und Lang. Ein Auszug aus den Statuten in 7, 1, S. 307 ff. – In 7, 1, S. 324 ff. die für Hölderlin geltenden Lehrpläne.

[56] Rudolf Magenau, Skizze meines Lebens. Nach 7, 1, S. 332. – Vgl. Volke, a. a. O., S. 56 f.

[57] In Wunderlich, nach S. 36.

[58] Vgl. z. B. Ernst Müller, Stiftsköpfe. Schwäbische Ahnen des deutschen Geistes aus dem Tübinger Stift, Heilbronn 1938, S. 151. – Vgl. zu Bengel vor allem auch Eitle, S. 17 ff.

[59] 1, S. 1.

[60] Vgl. zu Hölderlins Schulleistungen 7, 1, S. 357 ff.

[61] Vgl. 7, 1, S. 363 ff. und Volke S. 67 ff.

[62] Nach 7, 1, S. 366.

[63] Vgl. Klaiber, S. 59: „Ich kann mich des Gedankens nicht entschlagen, daß hier eine ursprüngliche Anlage von köstlicher Zartheit, eine in seltenem Maße zu heiterer Schönheit, zu freier, reiner Menschlichkeit geschaffene Natur durch die an sich schon grämliche, für diese Natur aber geradezu tödtliche Klosterzucht jener Zeit um den holden Jugendfrühling betrogen ward, der wohl noch reichere, mannigfaltigere, gesundere Lebenstriebe in diesem wunderbar glücklich organisirten Geiste geweckt hätte."

[64] 6, 1, S. 14 f.

[65] 6, 1, S. 13.

[66] 7, 1, S. 355 f.

[67] Vgl. zu Hölderlins Studium in Tübingen außer den bereits genannten Biographien vor allem: 7, 1, S. 379 ff. – Karl Rosenkranz, Georg Wilhelm Friedrich Hegels Leben, Berlin 1844 (Darmstadt 1971), S. 25 ff. – Klaiber, S. 147 ff. – Walter Betzendörfer, Hölderlins Studienjahre im Tübinger Stift, Heilbronn 1922. – Theodor Haering, Schelling und Hegel, in: Ernst Müller, Stiftsköpfe. Schwäbische Ahnen des deutschen Geistes aus dem Tübinger Stift, Heilbronn 1938, S. 209–257. – Hermann Haering, Friedrich Hölderlin, ebd., S. 258–297. – Martin Leube, Das Tübinger Stift 1770–1950, Stuttgart 1954, S. 85 ff. und S. 106 ff.

– Friedrich Nicolin, Zu Hölderlins Bildungsgang, a. a. O. – Volke, S. 90 ff. – Martin Brecht, Hölderlin und das Tübinger Stift 1788–1793, in: Hölderlin-Jahrbuch 18 (1973/74), S. 20–48. – Ders., Die Anfänge der idealistischen Philosophie und die Rezeption Kants in Tübingen (1788–1795), in: 500 Jahre Eberhard-Karls-Universität Tübingen. Beiträge zur Geschichte der Universität Tübingen 1477–1977, Tübingen 1977, S. 381–428. – Panajotis Kondylis, Die Entstehung der Dialektik. Eine Analyse der geistigen Entwicklung von Hölderlin, Schelling und Hegel bis 1802, Stuttgart 1979. – Dieter Henrich, Philosophisch-theologische Problemlagen im Tübinger Stift zur Studienzeit Hegels, Hölderlins und Schellings, in: Hölderlin-Jahrbuch 25 (1986/87), S. 60–92.

[68] Vgl. zu Hölderlins Stellung zu den Ideen der Französischen Revolution bzw. über die Ideen der Revolution im „Stift" außer der genannten Literatur z. B. auch: 7, 1, S. 443 ff. – Leube, S. 115 ff. – Adolf Beck, Aus der Umwelt des jungen Hölderlin. Stamm- und Tagebucheinträge, in: Hölderlin-Jahrbuch 1 (1947), S. 18–46, S. 33 ff. – Pierre Bertaux, Hölderlin und die Französische Revolution, Frankfurt a. M. 1969. – Paul Böckmann, Die Französische Revolution und die Idee der ästhetischen Erziehung in Hölderlins Dichten, in: Wolfgang Paulsen (Hrsg.), Der Dichter und seine Zeit – Politik im Spiegel der Literatur, Heidelberg 1970, S. 83–112. – Lawrence Ryan, Hölderlin und die Französische Revolution, in: Richard Brinkmann u. a., Deutsche Literatur und Französische Revolution. Sieben Studien, Göttingen 1974, S. 129–148. – Kondylis, S. 186 ff. – Günter Mieth, Friedrich Hölderlin, a. a. O. – Stephan Wackwitz, a. a. O., S. 33 ff. (mit weiterer Lit.). – Vgl. auch die später genannte Lit. zum ›Hyperion‹.

[69] 6, 1, S. 77.

[70] 6, 1, S. 82.

[71] Zit. nach Klaiber, S. 176 f. – Das Klaiber vorliegende Original dieser Nachschrift Georgiis ist verschollen (7, 1, S. 419).

[72] Nach 7, 1, S. 386.

[73] Zit. nach Volke, S. 90.

[74] Zit. nach Leube, S. 102.

[75] 6, 1, S. 54.

[76] Vgl. z. B. Ernst Müller, Stiftsköpfe, a. a. O., S. 213 und 267.

[77] ›Zornige Sehnsucht‹, 1. Strophe (wahrscheinlich 1789 geschrieben). 1, S. 90.

[78] 6, 1, S. 55.

[79] An die Mutter Anfang 1790. 6, 1, S. 48.

[80] Vgl. z. B. 6, 1, S. 45.

[81] Vgl. Martin Brecht, Hölderlin und das Tübinger Stift, a. a. O., S. 44 f.

[82] Abgedruckt bei Volke, S. 98.

[83] 1791, Heft 12.

[84] Karl Friedrich Reinhard, Übersicht einiger vorbereitenden Ursachen der französischen Staats-Veränderung. Von einem in Bourdeaux sich aufhaltenden Deutschen. Zit. nach Horst Günther (Hrsg.), Die Französische Revolution. Berichte und Deutungen deutscher Schriftsteller und Historiker, Frankfurt a. M. 1985 (= Bibliothek der Geschichte und Politik, hrsg. v. Reinhart Koselleck und Horst Günther, Bd. 12), S. 189–221, S. 206.

[85] Zu Reinhard vgl. z. B. Pierre Bertaux, Hölderlin und die Französische Revolution, Frankfurt a. M. 1969, S. 31 ff.

[86] Später schrieb Ch. Ph. Leutwein (1768–1838) über Hegel: „Allein während der vier Jahre unserer Familiarität war Metaphysik Hegels Sache nicht sonderlich. Sein Held war Jean Jacques Rousseau, in dessen Emil, contrat social, confessions; und andere, bei denen ähnliche Sentiments herrschen, und worin man sich gewisser gemeiner Verstandsregulirungen, oder, wie H. sagte, Fesseln, entledigte." Zit nach 7, 1, S. 460. Vgl. zur Textüberlieferung und -gestalt ebd., S. 460 ff.

[87] Johann Friedrich Flatt, Briefe über den moralischen Erkenntnisgrund der Religion überhaupt, und besonders in Beziehung auf die Kantische Philosophie, Tübingen 1789.

[88] Vgl. zu Hölderlins Kant-Rezeption in Tübingen Martin Brecht, Die Anfänge, S. 402 ff.

[89] Vgl. ebd., S. 390 ff.

[90] Vgl. Leube, S. 413 f.

[91] 7, 1, S. 414. Vgl. Betzendörfer, S. 44.

[92] Siehe Betzendörfer, S. 30.

[93] Vgl. 7, 3, S. 388 ff.

[94] 7, 3, S. 204.

[95] Johann August Eberhard, Neue Apologie des Sokrates, 2 Bde., Frankfurt a. M./Leipzig 1787. Vgl. 7, 3, S. 390.

[96] Hier zitiert nach folgender Ausgabe: Johann August Eberhard, Neue Apologie des Sokrates, oder Untersuchung der Lehre von der Seligkeit der Heiden. Neue und verbesserte Aufl., Berlin und Stettin, 2 Bde., 1776 und 1778, Bd. 2, S. 446 f.

[97] Vgl.: An Neuffer 1793: „der göttliche Sokrates". 6, 1, S. 86. – 1794 schrieb er an Neuffer, er plane „den Tod des Sokrates, nach den Idealen der griechischen Dramen". – An Neuffer 10. 10. 1794. – 6, 1, S. 137. – Vgl. 4, 1, S. 318 f.

[98] Magenau erwähnt ihn im Brief an Hölderlin vom 10. 7. 1788. – 7, 1, S. 6 ff.

[99] Siehe Paul Schwartz, a. a. O., S. 36.

[100] (Samuel B. Baur), Charakteristik der Erziehungsschriftsteller Deutschlands. Ein Handbuch für Erzieher, Leipzig 1790.

[101] Siehe Johann Jacob Gradmann, Das gelehrte Schwaben, 1802, und ADB.

[102] Vgl. zu Mauchart: Hamberger/Meusel, Das gelehrte Teutschland, Bd. 5, 5. Aufl., 1797, und: Neuer Nekrolog der Deutschen, Jg. 4, 1826 (1828). – I(mmanuel) D(avid) Mauchart, Allgemeines Repertorium für empirische Psychologie und verwandte Wissenschaften, Nürnberg 1792 ff. – Vgl. zur Nachfolge Moritz': Hans Joachim Schrimpf, Karl Philipp Moritz, Stuttgart 1980, S. 47 f.

[103] Vgl. 7, 3, S. 388 ff.

[104] Daß die Stiftler mit Maucharts Werk vertraut waren, kann man daraus schließen, daß Hegel Ende 1794 aus Bern bei Schelling nach der Rezension fragte. Johannes Hoffmeister (Hrsg.), Briefe von und an Hegel, Bd. 1, Hamburg 1952, S. 13.

[105] Immanuel David Mauchart, Phänomene der menschlichen Seele. Eine Materialien-Sammlung zur künftigen Aufklärung in der Erfahrungs-Seelenlehre, Stuttgart 1789.

[106] Joachim Heinrich Campe (Hrsg.), Allgemeine Revision des gesammten Schul- und Erziehungswesens von einer Gesellschaft practischer Erzieher, 1785 ff. Der 9. Bd. des ›Revisionswerks‹ wird S. 315 ausdrücklich genannt.

[107] ›Etwas zur Beantwortung einer pädagogischen Preisfrage über den Werth öffentlicher und häuslicher Jugenderziehung‹ (Allg. Rep., Bd. 1, S. 209–228). – Eine Fortsetzung des Beitrages wird (S. XIII) für den 2. Bd. versprochen, er ist dort aber nicht erschienen. – Hutten bezieht sich auf eine entsprechende Preisfrage der „Gesellschaft der Künste und Wissenschaften zu Utrecht", veröffentlicht in der ›Jenaer Literaturzeitung‹ 1790.

[108] Ebd., S. 218.

[109] Vgl. zu Hutten: ADB; Balthasar Haug, Das gelehrte Wirtemberg, 1790; Hamberger/Meusel, Das gelehrte Teutschland, Bd. 3, 5. Aufl., 1797; Johann Jacob Gradmann, Das gelehrte Schwaben, 1802; Neuer Nekrolog der Deutschen, Jg. 12, 1834 (1836).

[110] Siehe 7, 3, S. 388 ff. und Ulrich Hötzer, Hölderlin als Subskribent auf eine Plutarch-Ausgabe, in: Hölderlin-Jahrbuch 4 (1950), S. 120–126.

[111] Schiller, Die Räuber, I, 2.

[112] Repert., Bd. 1, S. 230–258.

[113] Ebd., S. 233.

[114] Ebd., S. 252.

[115] Repert., Bd. 1, S. 299 ff.; z. B. S. 328 ff. über: Praktischer Beytrag zum allgemeinen Unterricht für Kinder von fünf bis fünfzehn Jahren, hrsg. von Ernst Adolf Eschke, Königsberg 1791; S. 330 ff. über: Bemerkungen über die Fehler unserer modernen Erziehung von einer praktischen Erzieherin, hrsg. von dem Verfasser des Siegfried v. Lindenberg, Leipzig 1791; S. 335 ff. über: Weiblicher Schutzgeist, oder ein Zuruf an Mütter über die Erziehung der Töchter, aus dem Englischen, Nürnberg 1791 – Im 2. Bd. S. 342 ff. finden sich weitere Rezensionen pädagogischer Literatur.

[116] Vgl. 1, 2, S. 429 f.

[117] Vgl. zu Hölderlins Verhältnis zu Heinse 3, S. 433; 6, 2,

S. 802; 7,2, S. 75 ff.; 7,2, S. 113 f.; Theodor Reuß, Heinse und Hölderlin, Diss. Tübingen 1906 (Stuttgart 1906); Elisabeth Stoelzel, Hölderlin in Tübingen und die Anfänge seines ›Hyperion‹, Diss. Kiel 1938, S. 89 ff.; Erich Hock, „Dort drüben in Westfalen". Hölderlins Reise nach Bad Driburg mit Wilhelm Heinse und Diotima, Regensburg/Münster 1949; Ders., Wilhelm Heinses Urteil über Hölderlins ›Hyperion‹, in: Hölderlin-Jahrbuch 4 (1950), S. 108–119; Pierre Grappin, Ardinghello und Hyperion, in: Weimarer Beiträge 2 (1956), S. 165–181. – Wilhelm Michel, Das Leben Friedrich Hölderlins, Darmstadt 1963, S. 193 ff.; Max L. Baeumer, „Eines zu seyn mit Allem". Heinse und Hölderlin, in: Ders., Heinse-Studien, Stuttgart 1966, S. 49–91 – Erich Hock, Zu Hölderlins Reise nach Kassel und Driburg, in: Hölderlin-Jahrbuch 16 (1969/70), S. 254–290. – Vgl. zu Heinse neuerdings: Jürgen Schramke, Wilhelm Heinse und die Französische Revolution, Tübingen 1986.

[118] Wilhelm Heinse, Ardinghello und die glückseligen Inseln. Sämtl. Werke, hrsg. von Carl Schüddekopf, Bd. 4, Leipzig 1924, S. 59 f.

[119] J.-J. Rousseau, Julie oder die Neue Héloïse, München 1978, S. 590.

[120] Joachim Henrich Campe, Nöthige Erinnerung, daß die Kinder Kinder sind, und als solche behandelt werden sollten, in: Ders., Sammlung einiger Erziehungsschriften, 2 Teile, Leipzig 1778, S. 164.

[121] Z. B. Bd. 5, 1786 in dem Aufsatz ›Über die große Schädlichkeit einer allzufrühen Ausbildung der Kinder‹. – Vgl. Ludwig Fertig, Campes politische Erziehung. Eine Einführung in die Pädagogik der Aufklärung, Darmstadt 1977, S. 81 ff.

[122] Nouv. Hél., S. 592.

[123] Ebd.

[124] Ebd., .597.

[125] Vgl. zu dieser prinzipiellen Einheit des Rousseauschen Werkes Günther Buck, Rückwege aus der Entfremdung. Studien zur Entwicklung der deutschen humanistischen Bildungsphilosophie, Paderborn/München 1984, S. 91 ff.

¹²⁶ Folgendes ist für diese Sichtweise bei der deutschen Rousseaurezeption bezeichnend: In Campes Haus in Braunschweig soll eine Büste Rousseaus gestanden haben mit der Inschrift: „Er zerknickte die Ruten für Kinder und Völker" (nach J. Leyser, Joachim Heinrich Campe. Ein Lebensbild aus dem Zeitalter der Aufklärung, 2 Bde., 2. Aufl., Braunschweig 1896, Bd. 1, S. 224).

¹²⁷ Vgl. zur Bedeutung Rousseaus in der Geschichte der Pädagogik und zum Forschungsstand zuletzt Jürgen Oelkers, Jean-Jacques Rousseau und die Grundlegung des modernen pädagogischen Denkens, in: Informationen zur erziehungs- und bildungshistorischen Forschung, Heft 23: Education and Enlightenment (1984), S. 205–226.

¹²⁸ Siehe z. B. Karl S. Guthke, Zur Frühgeschichte des Rousseauismus in Deutschland, in: Zs. f. deutsche Philologie 77 (1958), S. 384–396.

¹²⁹ Vgl. Claus Süßenberger, Rousseau im Urteil der deutschen Publizistik bis zum Ende der Französischen Revolution. Ein Beitrag zur Rezeptionsgeschichte, Bern/Frankfurt a. M. 1974.

¹³⁰ Siehe z. B. Klaus Reich, Rousseau und Kant, Tübingen 1936.

¹³¹ Vgl. Richard Groeper, Rousseau und die deutsche Literatur, in: Zs. f. den deutschen Unterricht 26 (1912), S. 458–465. – Max Kommerell, Jean Pauls Verhältnis zu Rousseau. Nach den Haupt-Romanen dargestellt, Marburg 1924. – Oskar Ritter von Xylander, Henrich von Kleist und J. J. Rousseau, in: Germanische Studien, Heft 193, Berlin 1937. – Rudolf Buck, Rousseau und die deutsche Romantik, Berlin 1939. – Siegfried Streller, Heinrich von Kleist und Jean-Jacques Rousseau, in: Weimarer Beiträge 8 (1962), S. 541–566. – Emil Adler, Herder und die deutsche Aufklärung, Wien/Frankfurt a. M./Zürich 1968, S. 112 ff. – Gérard Raynal-Mony, Hölderlin et Rousseau. Paris 1975 (Thèse Sorbonne, Masch.), S. 4 ff. – Ralph-Rainer Wuthenow, Rousseau im „Sturm und Drang", in: Walter Hinck (Hrsg.), Sturm und Drang. Ein literaturwissenschaftliches Studienbuch, Frankfurt a. M. 1978, S. 14–54. – Bernard Böschenstein, Rousseau et les

poètes allemands de 1800, in: Rousseau secondo Jean-Jacques, Rom/Genf 1980, S. 75–85.

[132] Siehe die Kommentare zur Übersetzung des ›Emile‹ in Campes ›Revisionswerk‹: Joachim Heinrich Campe (Hrsg.), Allgemeine Revision des gesammten Schul- und Erziehungswesens von einer Gesellschaft practischer Erzieher, Bd. 12, Wien/Braunschweig 1789. – Vgl. dazu Rosemarie Wothge, Der Kommentar zu Rousseaus ›Emil‹ in Campes Revisionswerk, in: Wissenschaftliche Zeitschrift der Martin-Luther-Universität Halle–Wittenberg. Gesellschafts- und sprachwissenschaftliche Reihe 4 (1955), S. 249–264. – Vgl. zum Einfluß des ›Emile‹ in Deutschland Jacques Mounier, La fortune des écrits de Jean-Jacques Rousseau dans les pays de langue allemande de 1782 à 1813, Paris 1980. – Vgl. zum pädagogischen Theoretiker Rousseau vor allem Martin Rang, Rousseaus Lehre vom Menschen, Göttingen 1959. – Hermann Röhrs, Jean-Jacques Rousseau. Vision und Wirklichkeit, 2. Aufl., Heidelberg 1966.

[133] Vgl. zu Hölderlins Verhältnis zu Rousseau vor allem Elisabeth Stoelzel, Hölderlin in Tübingen und die Anfänge seines Hyperion, Diss. Kiel 1938, S. 27 ff. – Rudolf Buch, Rousseau und die deutsche Romantik, Berlin 1939, S. 117 ff. – Ernst Müller, Hölderlin. Studien zur Geschichte seines Geistes, Stuttgart/Berlin 1944, S. 100 ff. – Heinz Otto Burger, Die Hölderlin-Forschung der Jahre 1940–1955, in: Deutsche Vierteljahrsschrift für Literaturwissenschaft und Geistesgeschichte 30 (1956), S. 185–222 (329–366), S. 209 f. (353 f.) – Bernhard Böschenstein, Hölderlins Rheinhymne, Zürich/Freiburg i. Br. 1959, S. 82 ff. – Ders., Die Transfiguration Rousseaus in der deutschen Dichtung um 1800: Hölderlin – Jean Paul – Kleist, in: Jahrbuch der Jean-Paul-Gesellschaft 1 (1966), S. 101–116. – Paul de Man, Hölderlins Rousseaubild, in: Hölderlin-Jahrbuch 15 (1967/68), S. 180–208. – Jürgen Scharfschwerdt, Hölderlins „Interpretation" des ›Contrat social‹ in der ›Hymne an die Menschheit‹, in: Jahrbuch der Deutschen Schillergesellschaft 14 (1970), S. 397–436. – Johannes Mahr, Mythos und Politik in Hölderlins Rheinhymne, München 1972. – Ernst Müller, Der antiautoritäre Dichter. Höl-

derlin und die Religion, in: Ulrich Gaier/Werner Volke (Hrsg.), Festschrift für Friedrich Beißner, Bebenhausen 1974, S.288–332. – Gérard Raynal-Mony, Hölderlin et Rousseau, Paris 1975 (Thèse Sorbonne, Masch.). – Wolfgang Binder, Hölderlins Rhein-Hymne, in: Hölderlin-Jahrbuch 19/20 (1975–1977), S.131–155. – Friedrich Strack, Ästhetik und Freiheit. Hölderlins Idee von Schönheit, Sittlichkeit und Geschichte in der Frühzeit, Tübingen 1976, S.166ff. – Walter Hof, Die Schwierigkeit, sich über Hölderlin zu verständigen, Tübingen 1977, S.77ff. – Kondylis, S.68ff. – Jacques Mounier, La fortune des Écrits de Jean-Jacques Rousseau dans les Pays de Langue Allemande de 1782 à 1813, Paris 1980, S.249ff. – Bernard Böschenstein, Rousseau et les poètes allemands de 1800, in: Rousseau secondo Jean-Jacques, Rom/Genf 1980, S.75–85. – Kurt Weis, Jean-Jacques Rousseau verstanden durch Hölderlin, in: Europäische Literatur im Vergleich. Gesammelte Aufsätze, Tübingen 1983, S.35–62. – Clemens Menze (1983). Vgl. auch die später zu nennende Literatur über Hölderlins Naturverständnis, seine Beziehungen zur Schweiz und über den ›Hyperion‹.

[134] 7, 1, S.54.

[135] Vgl. Stoelzel, S.27 und 3, S.432.

[136] An Neuffer 4.6.1799. 6, 1, S.323.

[137] Siehe 7, 1, S.180ff.

[138] 1, S.92f.

[139] Vgl. 1, 2, S.392.

[140] 1, S.146.

[141] An Neuffer 28.11.1791. 6, 1, S.70. – Vgl. 6, 2, S.594.

[142] Vgl. z.B. Stoelzel, S.28ff. und Scharfschwerdt.

[143] 2, S.12f.

[144] 2, S.146f.

[145] Siehe Raynal-Mony, S.176ff.

[146] Ebd., S.178ff.

[147] Ebd., S.183ff.

[148] Ebd., S.191ff.

[149] Vgl. z.B. Willy Moog, Der Bildungsbegriff Hegels, in: Jürgen-Eckardt Pleines (Hrsg.), Hegels Theorie der Bildung,

Bd. 2, Hildesheim/Zürich/New York 1986, S. 69–85. – Otto Pög-geler, Hegels Bildungskonzeption im geschichtlichen Zusam-menhang, in: Ebd., S. 251–279. – Josef Derbolav, Hegels Bil-dungsverständnis und wie weit ihm die Pädagogik folgen kann, in: Ebd., S. 280–297.

[150] Vgl. zum Zusammenhang von neuem „Naturgefühl" und der Beschwörung des „göttlichen Kindes" Gertrud Keetman, Der Mensch und die Natur bei Friedrich Hölderlin, Berlin 1937, S. 7 ff. – H. A. Korff, Geist der Goethezeit, 3. Teil, 2. Aufl., Leipzig 1949, S. 377 ff. – Joachim Rosteutscher, Hölderlin. Der Künder der großen Natur, Bern/München 1962, S. 100 ff. – Michel, S. 16 f. – Richard Allen Watt, Hölderlin's Imagery: The Development of some major Themes as Image Patterns in his lyric Poetry, Diss. Ann Arbor, Mich. (Masch.), S. 180 ff. – Sergio Lupi, Hölderlin e il mito del paradiso perduto, in: Ders., Saggi di letteratura tedesca, Torino 1973, S. 477–513. – Rainer Nägele, Literatur und Utopie. Versuche zu Hölderlin, Heidelberg 1978, S. 160 ff.

[151] Vgl. auch Dieter Richter, Das fremde Kind. Zur Entste-hung der Kindheitsbilder des bürgerlichen Zeitalters, Frankfurt a. M. 1987, S. 256 ff.

[152] Vgl. z. B. Böhm, Bd. 1, S. 4 ff.

[153] 1, S. 271. – Vgl. den Brief an den Bruder vom 1. 1. 1799.

[154] Vgl. z. B. den Brief an den Schwager vom 10. 1. 1798. – 6, 1, S. 260 f., und: An die Mutter aus Bordeaux Karfreitag 1802: „Die guten Kinder werden euch viele Freude machen, und ihr seid glüklich, so von lebendigen Bildern der Hoffnung, wie ich von meinen Zöglingen, umgeben zu seyn" (6, 1, S. 431).

[155] An die Mutter 18. 6. 1799. – 6, 1, S. 333.

[156] 7, 2, S. 90.

[157] Er fügte freilich hinzu: „Aber sie haben Angst vor ihm und fliehen ihn" (7, 3, S. 70).

[158] 1, S. 19.

[159] 1, S. 95.

[160] 1, S. 96.

[161] 1, S. 192.

[162] 1, S. 193.

[163] 1, S. 208.

[164] 1, S. 213 u. S. 217.

[165] 1, S. 220.

[166] 2, S. 323.

[167] 2, S. 7.

[168] 4, 1, S. 137.

[169] 4, 2, S. 457.

[170] 4, 1, S. 23.

[171] 1, S. 266.

[172] 1, S. 267.

[173] 1, S. 265.

[174] Die Ansprache der Natur trat hier an die Stelle der traditionellen Gottesanrede (siehe Paul Böckmann [Hrsg.], Hymnische Dichtung im Umkreis Hölderlins. Eine Anthologie, Tübingen 1965. – Vgl. die Einleitung Böckmanns ›Der hymnische Stil in der deutschen Lyrik des 18. Jahrhunderts‹ und die jeweiligen Kommentare), der Preis der „Mutter Natur" erfolgte bei Stäudlin (ebd., S. 65 ff.), Reinhard (ebd., S. 143 f.) und Neuffer (ebd., S. 151 ff.) in je verschiedener Weise, auch Magenau besang die gütige Vorsehung, die ihn den Weg vom Kindsein zum Mann wies; doch er ersehnt, im Unterschied zu Hölderlin, die Kindheit keineswegs zurück (ebd., S. 214 ff.).

[175] Die verschiedenen Vertreter betonen das Recht des Kindes auf ungestörte organische Entwicklung und Selbstbildung und warnen vor frühzeitigen Eingriffen (vgl. Alfred Franz, Der pädagogische Gehalt der deutschen Romantik. Zur erziehungswissenschaftlichen Würdigung des romantischen Romans, Leipzig 1937, bes. S. 87 ff. – Johannes von den Driesch/Josef Esterhues, Geschichte der Erziehung und Bildung, Bd. 2, 3. Aufl., Paderborn 1952, S. 298 ff. – Willy Moog, Geschichte der Pädagogik, Bd. 3, neu hrsg. von Franz-Josef Holtkemper, Düsseldorf/Hannover 1967, S. 279 ff. – Otto Friedrich Bollnow, Die Pädagogik der deutschen Romantik. Von Arndt bis Fröbel, 3. Aufl., Stuttgart 1977), was nicht ausschließt, daß sie zu einzelnen Thesen im ›Emile‹ Distanz wahren (vgl. Rudolf Buck, Rousseau und die deutsche Romantik, Berlin 1939, S. 85 ff.).

[176] Vgl. Gert Ueding, Verstoßen in ein fremdes Land. Kinderbilder der deutschen Literatur, in: Neue Sammlung 17 (1977), S. 344–356. – Walter Pape, Das literarische Kinderbuch. Studien zur Entstehung und Typologie, Berlin/New York 1981, S. 29 ff. – Richter, a. a. O.

[177] Siehe Klaus Geppert, Die Theorie der Bildung im Werk des Novalis, Frankfurt a. M./Bern/Las Vegas 1977, bes. S. 234 ff.

[178] 3, S. 51.

2. Hölderlin als Hauslehrer bei Charlotte von Kalb

[1] An die Mutter 1793. – 6, 1, S. 91.

[2] Sattler, Bd. 9, S. 355.

[3] Wilhelm Friedrich Seiz (1768–1836). – 6, 1, S. 94, und 6, 2, S. 639.

[4] 7, 1, S. 470 ff. und Adolf Beck, Aus der Umwelt des jungen Hölderlin. Stamm- und Tagebucheinträge, in: Hölderlin-Jahrbuch 1 (1947), S. 18–46, S. 36.

[5] Vgl. zu der Tätigkeit Hölderlins bei Ch. v. Kalb außer den bekannten Biographien (Böhm, Bd. 1, S. 111 ff.; Michel, S. 101 ff.; Beese, S. 36 ff.) und 6, 2, S. 641 ff. vor allem Ernst Köpke, Charlotte von Kalb und ihre Beziehungen zu Schiller und Göthe, Berlin 1852, S. 126 ff. – Charlotte von Schiller und ihre Freunde, Bd. 2, Stuttgart 1862. – Emil Palleske (Hrsg.), Charlotte. (Für die Freunde der Verewigten.) Gedenkblätter von Charlotte von Kalb, Stuttgart 1879. – Johann Ludwig Klarmann, Geschichte der Familie von Kalb auf Kalbsrieth. Mit besonderer Rücksicht auf Charlotte von Kalb und ihre nächsten Angehörigen. Nach den Quellen bearbeitet, Erlangen 1902, S. 244 ff. – Ida Boy – Ed, Charlotte von Kalb. Eine psychologische Studie, Stuttgart/Berlin 1920. – Julius Petersen, Die Briefe Charlottens v. Kalb an Schiller, in: Jahrbuch der Goethe-Gesellschaft, Bd. 12, Weimar 1926, S. 104–168. – Adolf Beck, Die Gesellschafterin Charlottens von Kalb, in: Hölderlin-Jahrbuch 10 (1957), S. 46–66. – Roy Cherry Shelton, Friedrich Hölderlin's Letters: A biographical Study, Ann

Arbor, Mich. 1967 (Masch.), S. 113 ff. – Friedrich Burschell, Schiller, Reinbek 1968, S. 180 ff. und S. 434 ff. – Friedrich Schilling, Friedrich Hölderlins Weg über Coburg und sein Jahr im Grabfeld. Betrachtungen und Briefauszüge, in: Jahrbuch der Coburger Landesstiftung (1973), S. 189–210. – Roy C. Shelton, The Young Hölderlin, Bern/Frankfurt a. M. 1973, S. 197 ff. – Pierre Bertaux, Friedrich Hölderlin, Frankfurt a. M. 1981, S. 53 ff. – Hans Kleiner, Hölderlin und Wilhelmine Kirms, in: Kultur und Geschichte Thüringens 2 (1981), S. 67–78. – Clemens Menze, Hölderlins pädagogische Entwürfe aus seiner Hofmeisterzeit 1794/95, in: Christoph Jamme/Otto Pöggeler (Hrsg.), „Frankfurt aber ist der Nabel dieser Erde". Das Schicksal einer Generation der Goethezeit, Stuttgart 1983, S. 261–283. – Ursula Naumann, Charlotte von Kalb. Eine Lebensgeschichte (1761–1843), Stuttgart 1985.

⁶ Vgl. zu Hölderlins Verhältnis zu Schiller in der Folgezeit z. B. Ernst Bauer, Hölderlin und Schiller, Borna–Leipzig 1908 (Diss. phil. Tübingen 1908). – Rudolf Fahrner, Hölderlins Begegnung mit Goethe und Schiller, Marburg 1925. – Hans Heinrich Borcherdt, Schiller und die Romantiker. Briefe und Dokumente, Stuttgart 1948, S. 111 ff. – Ursula Wertheim, Hölderlin und die deutsche Klassik, in: Wissenschaftliche Zeitschrift der Friedrich-Schiller-Universität Jena, Gesellschafts- und Sprachwissenschaftliche Reihe 20 (1971), S. 579–592. – Drayton Granville Miller, Schiller and Hölderlin. A Comparative Study, Ann Arbor/Mich. 1971 (Diss. Washington University 1970). – Mieth, S. 34 ff. – D. E. Sattler, Friedrich Hölderlin: 144 fliegende Briefe, Bd. 1, Darmstadt/Neuwied 1981, S. 92 ff.

⁷ 7,1, S. 467 f.

⁸ Siehe z. B. Günther Fetzer, Die Klassiker der deutschen Literatur. Die 50 großen Autoren von der Aufklärung bis zum Realismus, Düsseldorf 1983, S. 206.

⁹ Siehe z. B. Burschell, S. 435.

¹⁰ 6,2, S. 642. – Vgl. dazu Shelton, The Young Hölderlin, S. 205 ff.

¹¹ 7,1, S. 225.

[12] Sattler, Bd. 9, S. 355.

[13] Der Großvater mütterlicherseits stammte aus Friemar bei Gotha: Johann Andreas Heyn, Pfarrer in Cleebronn, gestorben, als Hölderlin zwei Jahre alt war. Diese Verwechslung könnte die Familie überzeugt haben, daß die Reise sinnvoll und zu billigen war.

[14] Dies ergibt ein Blick auf die Landkarten mit den Postrouten bzw. Fahrplänen. Vgl. die Karten von Güssefeld (1792), Walch (1795) und Diez (1795) sowie Franz Maximillian Diez, Allgemeines Postbuch und Postkarte von Teutschland und einigen angränzenden Ländern, Frankfurt a. M. 1795. – Ich danke an dieser Stelle Herrn Leclerc von der Außenstelle des Bundespostmuseums Frankfurt a. M. (Stephanstr.) für freundliche Hilfe. Es ist hier nicht notwendig, auf die Reise im einzelnen und auf die Frage einzugehen, ob sich Hölderlin in Nürnberg länger, als in seinen Angaben an die Mutter und gegenüber den Freunden vermerkt, aufgehalten hat. Dazu ausführlich 6, 2, S. 647 f. Danach wäre Hölderlin am Donnerstag, 26. 12. 1793, von Nürnberg abgereist. – Nach den erhaltenen Fahrplänen der Postkutschen ging die Post nach Coburg jedoch Mittwoch und Sonnabend vormittag ab (Diez, S. 318 und S. 326). Hölderlins Angaben (Abreise von Erlangen Mittwoch abend) stimmen also mit dem Fahrplan überein. Vielleicht ist er also gar nicht, wie man annimmt, von Erlangen nach Nürnberg noch einmal zurückgekehrt, und die dortigen Eintragungen im Fremdenregister (25. 12.) und in der Liste der Lesegesellschaft (26. 12.) beruhen doch auf einem Irrtum.

[15] Vgl. Ludwig Fertig, Die Hofmeister. Ein Beitrag zur Geschichte des Lehrerstandes und der bürgerlichen Intelligenz, Stuttgart 1979.

[16] 6, 1, S. 101. – Vgl. zu Heinrich von Kalb bes. Klarmann, S. 244 ff.

[17] Vgl. zur eigenen Erziehung Charlottes vor allem Naumann, S. 20 ff.

[18] Charlotte von Kalb an Schiller 27. 4. 1793. – Petersen (Hrsg.), S. 111.

[19] Schiller an Charlotte von Kalb 8.5.1793. – Jonas, Bd.3, S.312f. – Vgl. Schiller an Körner 17.7.1793: „Kaum erklärte ich ihr meine Bereitwilligkeit dazu, so bin ich auch sogleich mit Brief über Brief belagert und erhalte eine schöne Versicherung nach der andern." – Petersen, S.112; Jonas, S.345.

[20] Siehe Ch. v. Kalb an Ch. v. Schiller 9.5.1797 (Charlotte von Schiller und ihre Freunde, Bd.2, S.225f.). Dazu Petersen, S.147. – Ch. v. Kalb an Schiller 30.6.1799 (Petersen, S.149f.), 7.7.1799 (ebd., S.150f.) und 11.7.1799 (ebd., S.151f.).

[21] Abgedruckt in: Ludwig Speidel/Hugo Wittmann, Bilder aus der Schillerzeit. Mit ungedruckten Briefen an Schiller, Berlin/ Stuttgart 1885, S.288ff.

[22] Ebd., S.289.

[23] An Schiller 28.5.1793. – Petersen, S.112f. – vgl. Speidel/ Wittmann, S.286f.

[24] Petersen, S.113.

[25] Ebd., S.114.

[26] Ebd., S.113.

[27] Siehe Petersen, S.116ff. – Speidel/Wittmann, S.296f.

[28] Schiller an Ch. v. Kalb 29.7.1793. – Jonas, Bd.3, S.348.

[29] Ch. v. Kalb an Schiller 1.8.1793. – Petersen, S.122.

[30] Schiller an Charlotte von Kalb 1.10.1793. – Jonas, S.357f. und 7,1, S.468ff. und 7,4, S.351f.

[31] Jonas, S.358.

[32] 7,4, S.351.

[33] Siehe zur Entlohnung 6,1, S.641. – 7,1, S.473. – 7,4, S.351f. – Barbara Vopelius-Holtzendorff, Friedrich Hölderlin und das Geld, in: Kürbiskern 2 (1980), S.139–159, S.141f. – Es ist nicht bekannt, ob Hölderlin mehr als diesen Mindestbetrag erhielt.

[34] Siehe Petersen, S.126ff. – 6,1, S.96 und S.641. – 7,1, S.470ff. – 7,2, S.4f.

[35] An die Mutter 3.1.1794. – 6,1, S.102.

[36] An die Schwester 16.1.1794. – 6,1, S.104.

[37] Ebd. – Vgl. 7,1, S.38.

[38] An die Großmutter 25.2.1794. – 6,1, S.107.

³⁹ An die Mutter Anfang April 1794. – 6,1, S. 114 ff. Vgl. dazu 6,2, S. 671 f.

⁴⁰ 6,1, S. 115.

⁴¹ An die Mutter 20. 4. 1794. – 6,1, S. 117 f. – Vgl. auch: An Karl 21. 5. 1794. – 6,1, S. 119: „Ich fand nicht leicht so ein gutes Kind."

⁴² An die Mutter 1. 7. 1794. – 6,1, S. 122.

⁴³ Charlotte von Schiller und ihre Freunde, Bd. 2, S. 222.

⁴⁴ Charlotte von Kalb an Karoline Herder 18. 6. 1794. – 7,2, S. 7.

⁴⁵ Petersen, S. 133 und 7,2, S. 11 f.

⁴⁶ Ch. v. Kalb an Hölderlins Mutter 20. 8. 1794. – 7,2, S. 7 ff.

⁴⁷ Ch. v. Kalb an Goethe 3. 9. 1794. – 7,2, S. 10.

⁴⁸ Vgl. Naumann, S. 164 f.

⁴⁹ An Breunlin Pfingsten 1794. – 6.1, S. 120. – Vgl.: An Neuffer Mitte Juli 1794. – 6,1, S. 124.

⁵⁰ An Neuffer Mitte Juli 1794. – 6,1, S. 126.

⁵¹ An Schiller ca. 20. 3. 1794. – 6,1, S. 111 ff. – Vgl. dazu: 6,2, S. 666, vor allem aber Clemens Menze, Hölderlins pädagogische Entwürfe, a. a. O., bes. S. 263 ff.

⁵² 6,1, S. 111 f.

⁵³ An die Schwester 16. 1. 1794. – 6,1, S. 105.

⁵⁴ F. A. Crome, Über die Erziehung durch Hauslehrer, in: J. Hch. Campe (Hrsg.), Allg. Rev. d. gesammten Schul- und Erziehungswesens von einer Gesellschaft praktischer Erzieher, Bd. 10, Wien/Braunschweig 1788, S. 68 f. – August Hermann Niemeyer, Grundsätze der Erziehung und des Unterrichts für Eltern, Hauslehrer und Erzieher, Halle 1796 (Neudr. Paderborn 1970), S. 328 f.

⁵⁵ Vgl. 6,2, S. 655 ff., 7,2, S. 84 ff., Bertaux, a. a. O., S. 53 ff. – Kleiner, a. a. O. – Adolf Beck (Hrsg.), Hölderlins Diotima Susette Gontard. Gedichte – Briefe – Zeugnisse, Frankfurt a. M. 1980, S. 160. – Bertaux vermutet gar, diese Vaterschaft Hölderlins sei der wahre Grund für die Entlassung Hölderlins durch Ch. v. Kalb.

⁵⁶ 7,2, S. 351.

⁵⁷ An Neuffer 10. 10. 1794. – 6,1, S. 135.

[58] Ch. v. Kalb an Schiller 25. 10. 1794. – Petersen, S. 135; 7, 2, S. 13 f.

[59] Vgl.: An die Mutter 17. 11. 1794. – 6, 1, S. 141. – Vgl. zur Chronologie: 6, 2, S. 696 f. und S. 710 f.

[60] Ch. v. Kalb an Schiller 9. 12. 1794. – Petersen, S. 136; 7, 2, S. 16 f.

[61] Ch. v. Kalb an Schiller 14. 1. 1795. – Petersen, S. 138 f. – 7, 2, S. 20 f.

[62] Revisionswerk, Bd. 14 (1790), S. 366 ff.

[63] Der ganze Bd. 6 (1787) des ›Revisionswerkes‹ (J. F. Oest, Versuch einer Beantwortung der pädagogischen Frage: wie man Kinder und junge Leute vor dem Leib und Seele verwüstenden Laster der Unzucht überhaupt, und der Selbstschwächung insonderheit verwahren, oder, wofern sie schon davon angesteckt waren, wie man sie davon heilen könne?) und über die Hälfte des 7. Bandes (1787) (Peter Villaume, Über die Unzuchtsünden in der Jugend) sind dem Thema gewidmet. – Vgl. die entsprechenden Texte bei Katharina Rutschky, Schwarze Pädagogik. Quellen zur Naturgeschichte der bürgerlichen Erziehung, Frankfurt a. M./Berlin/Wien 1977, S. 299 ff. – Vgl. z. B. auch Wolfgang Dreßen, Die pädagogische Maschine. Zur Geschichte des industrialisierten Bewußtseins in Preußen/Deutschland, Frankfurt a. M./Berlin/Wien 1982, S. 168 ff.

[64] Ulrich Nassen, Das Kind als wohltemperierter Bürger. Zur Vermittlung bürgerlicher Affekt- und Verhaltensstandards in der Kinder-, Jugend- und Ratgeberliteratur des späten 18. Jahrhunderts, in: Dagmar Grenz (Hrsg.), Aufklärung und Kinderbuch. Studien zur Kinder- und Jugendliteratur des 18. Jahrhunderts, Pinneberg 1984, S. 213–238.

[65] Ludwig Fertig, „Wil mir der Kinderton nicht recht aus der Stimrize …". Jean Paul und die Kinder- und Jugendliteratur, ebd., S. 293–320.

[66] An Neuffer 19. 1. 1795. – 6, 1, S. 150.

[67] An die Mutter 16. 1. 1795. – 6, 1, S. 146 ff.

[68] 6, 2, S. 697 und Jean Laplanche, Hölderlin und die Suche nach dem Vater, Stuttgart-Bad Cannstatt 1975, S. 39 ff.

[69] Uwe Henrik Peters, Hölderlin. Wider die These vom edlen Simulanten, Reinbek 1982, S. 170 f.

[70] Ch. v. Kalb an Schiller 14. 1. 1795. – Petersen, S. 139.

[71] Ch. v. Kalb an Hölderlins Mutter 17. 1. 1795. – 7, 2, S. 22 f.

[72] Vgl. für Fritz von Kalbs späteres Leben: Klarmann, S. 408 ff.

[73] Ch. v. Kalb an Schiller Sommer 1800. – Petersen, S. 155 f. – An Schiller 4. 8. 1800. – Ebd., S. 157 f. – An Schiller Frühjahr 1801 (?). – Ebd., S. 160 f. – An Schiller 5. 4. 1802. – Ebd., S. 163 ff. – Vgl. Naumann, S. 221 f.

[74] Vgl. Jean Paul an Karoline Herder Juli 1800. – Sämtl. Werke, hrsg. v. Ed. Berend, 3. Abt., Bd. 4, Berlin 1960, S. 354. – Jean Paul an Charlotte von Kalb 25. 9. 1800. – Ebd., S. 380.

[75] Ch. v. Kalb an Hölderlin 15. 5. 1801. – 7, 1, S. 164.

[76] Vgl. Ebd., S. 165.

[77] Vgl. für das Folgende vor allem: 7, 2, S. 27 ff. – 7, 2, S. 114 f. – Willy Flitner, August Ludwig Hülsen und der Bund der Freien Männer, Jena 1913. – Karl Freye, Casimir Ulrich Boehlendorff, der Freund Herbarts und Hölderlins, Langensalza 1913. – Paul Raabe, Das Protokollbuch der Gesellschaft der freien Männer in Jena 1794–1799, in: Hans Werner Seiffert/Bernhard Zeller (Hrsg.), Festgabe für Eduard Berend, Weimar 1959, S. 336–383. – Walter Asmus, Johann Friedrich Herbart. Eine pädagogische Biographie, Bd. 1, Heidelberg 1968, S. 75 ff. – Ernst Zunker, Casimir Ulrich Boehlendorff und die pommerschen Freunde aus der Gesellschaft der freien Männer und im Einflußbereich Hölderlins, in: Baltische Studien 60 (1974), S. 101–126. – Klaus Rek, Die Jenaer Gesellschaft der freien Männer 1794–1799, in: Wiss. Zs. d. Karl-Marx-Universität Leipzig, Ges.- u. Sprachwiss. Reihe 32 (1983), 6, S. 577–583.

[78] Vgl. zum Verhältnis Herbarts zu Hölderlin: 7, 2, S. 132. – Asmus, S. 330. – Johann Friedrich Herbart, Pädagogische Schriften, hrsg. v. Walter Asmus, Bd. 1, Düsseldorf/München 1964, S. 133.

[79] Am 5. 5. 1796 verlas Herbart einen Aufsatz von Johann Erich von Berger (1772–1833) über Nationalerziehung (siehe

Raabe, S. 364): ›Über die vorhergehenden Bedingungen einer verbesserten Nationalerziehung‹, in: Der Genius der Zeit. Ein Journal, hrsg. v. August Hennings, Nov. 1795 (Altona), S. 266–318. (Aus: Dänische Minerva, April 1795.) Dabei geht es nicht um Nationalerziehung im Verständnis des 19. Jh., vielmehr wird, etwa im Sinne des jungen Wilh. v. Humboldt, die Idee der allgemeinen Menschenbildung und ein Mißtrauen gegen eine bevormundende Staatserziehung artikuliert. Hier S. 314 f. das später auch von Herbart abgehandelte Thema: Öffentliche Erziehung/Privaterziehung. – Vgl. dazu: Flitner, S. 10 ff. – Am 27. 1. 1796 verlas Johann Georg Rist (1775–1847) einen Aufsatz ›Über harmonische Bildung‹ (Raabe, S. 361). – Von 1795 bis Anfang 1797 beschäftigte man sich eingehend mit der Bildungsproblematik im soeben erschienenen ›Wilhelm Meister‹ (Raabe, S. 343). – Am 17. 1. 1798 las dann Johann Diederich Gries (1775–1842) das Thalia-Fragment des ›Hyperion‹ (7, 2, S. 114).

80 An Hegel 26. 1. 1795: „Ich gehe schon lange mit dem Ideal einer Volkserziehung um …“ – 6, 1, S. 156. – Vgl. 6, 2, S. 726.

81 7, 2, S. 27 f.

82 In: Friedrich Immanuel Niethammer (Hrsg.), Philosophisches Journal einer Gesellschaft Teutscher Gelehrten, Bd. 1, 3. Heft, 1795, S. 193–209, erschien ein Beitrag von Greiling ›Beitrag zur Bestimmung der Begriffe: Erziehung und Unterricht in ihrem Unterschiede und Zusammenhange‹ (S. 210–232), ein Aufsatz von Heusinger ›Etwas über den Ausdruck: Erziehung zum Menschen und Bürger‹ (Heusinger bezieht sich hier auf einen Aufsatz P. Villaumes im 3. Bd. des ›Revisionswerks‹).

83 Siehe Flitner, S. 15.

84 Siehe Freye, S. 20 ff.

85 Ebd., S. 43 ff. – Vgl. zu Boehlendorff auch Bernhard Böschenstein, Das Bild der Schweiz bei Ebel, Boehlendorff und Hölderlin, in: Christoph Jamme/Otto Pöggeler (Hrsg.), „Frankfurt aber ist der Nabel dieser Erde“. Das Schicksal einer Generation der Goethezeit, Stuttgart 1983, S. 58–72, S. 64 ff.

86 An die Mutter 22. 2. 1795. – 6, 1, S. 158. – Vgl. 6, 2, S. 728.

[87] An die Mutter 12.3.1795. – 6,1, S.161.

[88] Sinclair an Franz Wilhelm Jung 26.3.1795: „Ich habe seinetwegen an die Hofmeisterstelle bei dem Prinzen gedacht ..." – 7,2, S.32. – Vgl. 7,2, S.36.

[89] An die Mutter 22.5.1795. – 6,1, S.173 f.

[90] Ebd., S.174.

[91] Zu Ebel: 6,2, S.750 f. – Arnold Escher, Johann Gottfried Ebel 1764–1830, Zürich 1917 (= Neujahrsblatt auf das Jahr 1917. Zum Besten des Waisenhauses in Zürich, 80. Stück) – Wilhelm Nicolay: Beziehungen Pestalozzis zu Frankfurt a.M., in: Pestalozzi und Frankfurt am Main. Ein Gedenkbuch zum hundertsten Todestage Johann Heinrich Pestalozzis, hrsg. von dem Arbeitsausschuß für die Pestalozzifeier 1927, Frankfurt a.M. 1927, S.99–218, S.139 ff. – Ludwig Strauß, Aus dem Nachlaß Johann Gottfried Ebels. Bisher ungedruckte Briefe von Fichte, Hölderlin, Görres und andern, in: Euphorion. Zeitschrift für Literaturgeschichte 32 (1931), S.353–393. – Bernhard Böschenstein, Das Bild der Schweiz bei Ebel, Boehlendorff und Hölderlin, in: Christoph Jamme/Otto Pöggeler (Hrsg.), „Frankfurt aber ist der Nabel dieser Erde". Das Schicksal einer Generation der Goethezeit, Stuttgart 1983, S.58–72, S.58 ff.

[92] Siehe z.B. Flodoard Frhr. von Biedermann (Hrsg.), Goethes Gespräche, erg. u. hrsg. v. Wolfgang Herwig, Bd.2, Zürich 1967, S.129.

[93] Siehe Strauß, S.359 ff.

[94] Vgl. 7,2, S.43. – Zum Verhältnis Ebel–Jung: Strauß, S.364 ff.

[95] Vgl. Guggisberg, Bd. 1, S.322 ff.

[96] Johann Gottfried Ebel, Anleitung auf die nützlichste und genußvollste Art in der Schweiz zu reisen, 2 Bde., Zürich 1793. – Ders., Schilderung der Gebirgsvölker der Schweiz, 2 Bde., Leipzig 1798 und 1802.

[97] Ebel, Schilderung, Bd. 1, S.25 ff.

[98] Vgl. Ebel., Anleitung, Bd.2, S.28.

[99] Vgl. Ebel., Schilderung, Bd. 1, S.165 ff.

[100] Siehe 7,2, S.184 f.

[101] An Ebel 2. 9. 1795. – 6, 1, S. 176 ff. – Vgl. Daniel Rätzer an Ebel 26. 9. 1795. – 7, 2, S. 52.

[102] An Neuffer Oktober (?) 1795. – 6, 1, S. 182. – 6, 2, S. 758. – 6, 2, S. 759 f.

[103] An Ebel 9. 11. 1795. – 6, 1, S. 183 f.

[104] An Hegel 25. 11. 1795. – 6, 1, S. 185. – Vgl. 6, 2, S. 763.

[105] An Neuffer Anfang Dez. 1795. – 6, 1, S. 187.

[106] 7, 2, S. 53 f.

[107] An Ebel 7. 12. 1795. – 6, 1, S. 188.

3. Hölderlin in Frankfurt

[1] An Ebel 2. 9. 1795. – 6, 1, S. 176 ff.

[2] Vgl. dazu vor allem: 6, 2, S. 752 ff. – Strauß, S. 376 ff. – Paul Raabe, Die Briefe Hölderlins, Stuttgart 1963, S. 151 f. – Ernst Müller, Hölderlin und die Religion, in: Ulrich Gaier/Werner Volke (Hrsg.), Festschrift für Friedrich Beißner, Bebenhausen 1974, S. 288–332, S. 318 f. – Friedrich Strack, Ästhetik und Freiheit. Hölderlins Idee von Schönheit, Sittlichkeit und Geschichte in der Frühzeit, Tübingen 1976, S. 166 ff. – Clemens Menze, Hölderlins pädagogische Entwürfe aus seiner Hofmeisterzeit 1794/95, in: Christoph Jamme/Otto Pöggeler (Hrsg.), „Frankfurt aber ist der Nabel dieser Erde". Das Schicksal einer Generation der Goethezeit, Stuttgart 1983, S. 261–283, S. 269 ff.

[3] 4, 1, S. 177.

[4] Vgl. Ludwig Fertig, Campes politische Erziehung. Eine Einführung in die Pädagogik der Aufklärung, Darmstadt 1977, S. 169 ff.

[5] 6, 1, S. 177.

[6] 6, 1, S. 111 f. – Seit Strauß, a. a. O., S. 376, hat man immer wieder die Differenz zu der Position im Brief an Schiller sehr stark betont. Es ist aber daran zu erinnern, daß Hölderlin dort sein Bestreben, das „Edelste" früh zu entwickeln, auf den Reifegrad des Zöglings Fritz von Kalb, den er schon fast ein Vierteljahr betreute, bezog, daß er also versuchte, aus einem von ihm nicht

zu verantwortenden Zustand des Kindes das Optimale zu gestalten, und es ist darauf hinzuweisen, daß im Brief an Ebel viel pointierter über das Verhältnis von „Natur" und „Vernunft" geschrieben werden kann, weil Hölderlin den neuen Zögling und die Verhältnisse noch gar nicht kennt.

[7] Vgl. für das Folgende bes. Menze, S. 271 ff. – Es ist hier kein Raum, auf Menzes These, Rousseau habe im Grunde als Pädagoge auf Hölderlin kaum gewirkt, einzugehen; es wäre dazu eine längere Einlassung erforderlich.

[8] J.-J. Rousseau, Julie oder die Neue Héloïse, 5. Teil, 3. Brief. – Ausgabe München 1978, S. 590 f.

[9] 6, 1, S. 178.

[10] Bd. 12, 1789, S. 343 ff.

[11] 6, 1, S. 178. – Vgl. 6, 2, S. 753.

[12] 6, 1, S. 178.

[13] 6, 1, S. 178 f.

[14] 6, 1, S. 179.

[15] Ebd.

[16] 6, 1, S. 179 f.

[17] Vgl. zum Folgenden außer den Dokumenten in 7, 2 und den bekannten Biographien (z. B. Böhm, Bd. 1, S. 193 ff.; Michel, S. 170 ff.; Beese, S. 49 ff.): Maria Belli-Gontard, Lebens-Erinnerungen, Frankfurt a. M. 1872. – Carl C. T. Litzmann, Neue Mittheilungen über Hölderlin, in: Archiv für Litteraturgeschichte 15 (1887), S. 61 ff. – Rudolf Jung, Die Frankfurter Familie Gogel 1576–1918, Frankfurt a. M. 1920. – W(ilhelm) Pfeiffer-Belli, Die Familie Gontard, in: Frankfurter Nachrichten, Frankfurt a. M. 2. 4. 1920, Beiblatt Nr. 165. – Karl Viëtor, Hölderlin und Diotima, in: Preußische Jahrbücher 182 (Okt.–Dez. 1920), S. 298–320. – Johanna von Gwinner, Das Diotima-Haus in Frankfurt a. M., in: Didaskalia. Unterhaltungs-Beilage der ›Frankfurter Nachrichten‹ (Jg. 99, Nr. 42, 27. 11. und 4. 12. 1921). – Carl Jügel, Das Puppenhaus, ein Erbstück in der Gontard'schen Familie. Neu hrsg. von Wilhelm Pfeiffer-Belli, Frankfurt a. M. 1921. – Carl Viëtor (Hrsg.), Die Briefe der Diotima, Leipzig 1921, S. 57 ff. – Walter Rumpf, Aus G. W. Fr. Hegels Frankfurter Haus-

lehrerzeit, in: Alt-Frankfurt. Geschichtliche Zeitschrift für Frankfurt am Main und seine Umgebung, 3. Jg., Juli 1930, Nr. 7, S. 81–83. – Wilhelm Pfeiffer-Belli, Wie Hölderlin aus dem Hause Gontard schied. Aus einem unveröffentlichten Privatbriefe, in: Frankfurter Zeitung, 19. 12. 1933, S. 4 f. – Wolfgang Schmidt-Scharff, Ein Beitrag zur Diotima-Forschung, in: Archiv für Frankfurts Geschichte und Kunst, Folge 4, Bd. 5, 1942, S. 109–123. – Fried Lübbecke, Haus Gontard. Zu Hölderlins hundertstem Todestag, in: Frankfurter Zeitung, 6. 6. 1943 (Stadt-Blatt). – Wilhelm Michel, Hölderlin und Diotima, in: Hölderlins Wiederkunft, Zürich/Wien 1943, S. 168–202. – Karl Viëtor, Susette Gontard und Schiller, in: Zs. f. deutsches Altertum und deutsche Literatur 82 (1948), S. 183–190. – Walther Killy, Hölderlin an Diotima. Das Widmungsexemplar des ›Hyperion‹, in: Hölderlin-Jahrbuch (1950), S. 98–107. – Jürgen Isberg, Die Familie der Diotima, in: Hölderlin-Jahrbuch (1954), S. 110–127. – Adolf Beck, Diotima und ihr Haus, in: Hölderlin-Jahrbuch 9 (1955/56), S. 110–173, und ebd. 10 (1957), S. 1–72. – Adolf Beck, Aus Hölderlins und Diotimas Welt in Frankfurt, in: Imprimatur, N. F. 1 (1956/1957), S. 95–112. – Rudolf Ibel (Hrsg.), Hölderlin und Diotima, Zürich 1957, S. 9 ff. – William von Schröder: Auf Hölderlins Frankfurter Spuren, in: Frankfurt. Lebendige Stadt 2/2 (1957), S. 25–29. – Wilhelm Michel, Hölderlin und Diotima, in: Alfred Kellat (Hrsg.) Hölderlin. Beiträge zu seinem Verständnis in unserem Jahrhundert, Tübingen 1961, S. 144–160. – Heinrich Heym, Frankfurt – die Kelter Hölderlins, in: Frankfurter Allgemeine Zeitung, 22. 11. 1963. – Paul Raabe, Die Briefe Hölderlins, Stuttgart 1963, S. 154 ff. – Herbert de Bary, Die Geschäfte der Gontards, in: Frankfurt. Lebendige Stadt 10/3 (1965), S. 54–57. – Paul Requadt, Das literarische Urbild von Hölderlins Diotima, in: Jahrbuch der deutschen Schillergesellschaft 10 (1966), S. 250–265. – Bertold Hack (Hrsg.), Hölderlin in Frankfurt 1796–98, Frankfurt a. M. 1978. – Bertold Hack (Hrsg.), Hölderlin in Homburg. Seine Briefe aus den Jahren 1798 bis 1800 und die Briefe der Susette Gontard an Hölderlin, Frankfurt a. M. 1979 (Briefe aus Frankfurt, Neue Folge, Bd. 9). – Hans-Otto Schembs, Großer Hirschgraben. Vergangenheit einer

Frankfurter Straße, Frankfurt a. M. 1979, S. 48–57. – Adolf Beck (Hrsg.), Hölderlins Diotima Susette Gontard. Gedichte – Briefe – Zeugnisse, Frankfurt a. M. 1980. – D. E. Sattler, Friedrich Hölderlin. 144 fliegende Briefe, Bd. 2, Darmstadt/Neuwied 1981, S. 548 ff. – Christoph Prignitz, Hölderlins Konfrontation mit den Reichsstädten, in: Christoph Jamme/Otto Pöggeler (Hrsg.), „Frankfurt aber ist der Nabel dieser Erde". Das Schicksal einer Generation der Goethezeit, Stuttgart 1983, S. 42–57.

[18] An Pfarrer Majer 31. 12. 1795. – 6, 1, S. 197.

[19] An Karl Gok 11. 1. 1796. – 6, 1, S. 198.

[20] 6, 1, S. 199.

[21] An Neuffer 15. 1. 1796. – 6, 1, S. 200.

[22] 6, 1, S. 199.

[23] An Ebel 2. 9. 1795. – 6, 1, S. 177.

[24] An Schiller 24. 7. 1796. – 6, 1, S. 214.

[25] Sattler, Bd. 9, S. 408.

[26] Am 2. 5. 1796 hat Hölderlin Sömmering konsultiert: 1, 2, S. 539. – Hölderlin über Sömmerings ›Seelenorgan‹: 1, 1, S. 227. – S. Th. Sömmering, Über das Organ der Seele, Königsberg 1796. – „Unserem Kant gewidmet". Hier S. 48 f. eine Würdigung der ›Hildegard von Hohenthal‹ von Heinse. – Vgl. zu Sömmering: Rudolph Wagner, Samuel Thomas von Sömmering's Leben und Verkehr mit seinen Zeitgenossen, Leipzig 1844.

[27] An Niethammer 24. 2. 1796. – 6, 1, S. 202.

[28] 6, 1, S. 203.

[29] Nach Fried Lübbecke, Haus Gontard.

[30] Zur Lage des „Weißen Hirsch" siehe 7, 4, S. 349, zur Lage des „Adlerflychtschen Hofes" 6, 2, S. 836 f. – Vgl. zur Gontardschen Familie: 6, 2, S. 771 ff. und Adolf Beck, Diotima und ihr Haus.

[31] Jügel, S. 348.

[32] Ebd., S. 352.

[33] Eintragung in Pfeffels Fremdenbuch vom 27. 7. 1791: „Jacob Frederic Gontard de Francfort." – H. Pfannenschmid (Hrsg.), Gottlieb Konrad Pfeffel's Fremdenbuch, Colmar 1892, S. 362.

[34] Vgl. A. Beck (Hrsg.), Hölderlins Diotima, S. 251, und ders., Diotimas Haus (1955/56), S. 153 ff.

[35] Marie Rätzer schrieb z. B. das ›Waltershäuser Paralipomenon‹ ab. – 3, S. 578 f.

[36] Siehe Isberg, S. 119 und 7, 2, S. 61 f. (Jügel).

[37] August Hermann Niemeyer, Grundsätze der Erziehung und des Unterrichts für Eltern, Hauslehrer und Erzieher, Halle 1796 (Neudr. Paderborn 1970), S. 313.

[38] Siehe z. B. Helmut Heiland, Friedrich Fröbel in Selbstzeugnissen und Bilddokumenten, Reinbek 1982, S. 20 ff.

[39] Siehe Theodor Reuß, Heinse und Hölderlin, Diss. Tübingen 1906 (Stuttgart 1906), S. 30.

[40] Ebd., S. 32.

[41] An Karl 6. 8. 1796. – 6, 1, S. 216.

[42] Vgl. Erich Hock, „Dort drüben in Westfalen". Hölderlins Reise nach Bad Driburg mit Wilhelm Heinse und Diotima, Regensburg/ Münster 1949. – Ders., Wilhelm Heinses Urteil über Hölderlins ›Hyperion‹, in: Hölderlin-Jahrbuch 4 (1950), S. 108–119. – Ders., Zu Hölderlins Reise nach Kassel und Driburg, in: Hölderlin-Jahrbuch 16 (1969/70), S. 254–290. – 6, 2, S. 802 ff. – 7, 2, S. 75 ff.

[43] Wilhelm Heinse an Gleim 1770: „Nun wurd' ich auferzogen; das ist verdollmetschet: man gab mir täglich etliche mahl zu eßen und zu trinken, kleidete meinen Leib und brachte meiner Seele die Lehre von den Gespenstern, Hexen und den leidigen Satan mit sehr vielem Fleis in Geschichtchen nach löblicher Gewohnheit bey. Nach dieser Grundlage mußt' ich einige Sprüche aus dem Catechismus Luthers und Schreiben und Rechnen lernen. Kurz man war so sehr, als möglich darauf bedacht, den Gedanken alle Wege, in meinen Kopf zu schlupfen, abzuschneiden" (Wilhelm Heinse, Sämtliche Werke, hrsg. v. Carl Schüddekopf, Bd. 9, Leipzig 1904, S. 4).

[44] Wilhelm Heinse an Gleim 1772: „Es wurde bey Tische viel von Erziehung gesprochen. Der Herr von Erlach rühmte die Schulpforte und die strenge Erziehung daselbst, und fragte mich um meine Meinung; ich, ein Kind der Natur, konnt' ihm unmög-

lich beyfallen, denn ich kann Knaben zu Genieen erziehen unmöglich für Exercirenlehren halten" (ebd., S. 95).

[45] Ebd., Bd. 5, 1903, S. 49.

[46] Ebd., S. 126.

[47] Ebd., S. 152 ff.

[48] Siehe G. Kramer, Carl Ritter. Ein Lebensbild nach seinem handschriftlichen Nachlaß dargestellt, Teil 1, Halle 1864, S. 84 ff. – Wilhelm Nicolay, Beziehungen Pestalozzis zu Frankfurt a. M., in: Pestalozzi und Frankfurt am Main. Ein Gedenkbuch zum hundertsten Todestage Johann Heinrich Pestalozzis, hrsg. von dem Arbeitsausschuß für die Pestalozzifeier 1927, Frankfurt a. M. 1927, S. 99–218, S. 120 ff. – Vgl. 7, 2, S. 90.

[49] Nicolay, S. 101 ff. – Vgl. 7, 2, S. 91 f.

[50] Siehe Bd. 1, 1785.

[51] Maria Belli-Gontard, Lebens-Erinnerungen, Frankfurt a. M. 1872, S. 44 f.

[52] Ebd., S. 28 ff.

[53] Siehe z. B. 7, 2, S. 74.

[54] Vgl. z. B. Marie Rätzer an Sophie Dollfus (7, 2, S. 89): „… den ganzen morgen ist F(rau) G(ontard) mit Höl: oben ihn der Laube u ihm Cabinet …"

[55] S. Gontard an Marie Rätzer (jetzt Freifrau Rüdt v. Collenberg) 21. 1. 1798. – Zit. nach A. Beck (Hrsg.), Hölderlins Diotima, S. 149 f.

[56] Brief von 1876. – Nach Wilhelm Pfeiffer-Belli, Wie Hölderlin aus dem Hause Gontard schied. Aus einem unveröffentlichten Privatbriefe, in: Frankfurter Zeitung, 19. 12. 1933, S. 4 f. – Vgl. 7, 2, S. 90 u. S. 93.

[57] Daniel Rätzer an Ebel 9. 4. 1796. – 7, 2, S. 53.

[58] Jügel, a. a. O., S. 352.

[59] Henry an Karl Gok. – 7, 2, S. 87.

[60] Siehe 3 und 4, 1 sowie Sattler, Bd. 12, S. 27 ff. – Es handelt sich um kein „Schul"heft. Es beinhaltet geometrische Lehrsätze und Übungen. Ob es unter Hölderlins Anleitung entstand, ist fraglich.

[61] Susette Gontard an ihren Mann 18. 10. 1796. – 7, 2, S. 79.

[62] An Hegel 20.11.1796. – 6,1, S.222.

[63] Vgl.: An die Mutter August 1797. – 6,1, S.248.

[64] An die Mutter 20.11.1796. – 6,1, S.225.

[65] Ebd., S.224f.

[66] Henry Gontard an Hölderlin 27.9.1798. – 7,1, S.57.

[67] Susette Gontard an Hölderlin, 7,1, S.59.

[68] Susette Gontard an Hölderlin Februar/März 1799. – 7,1, S.70f.

[69] Siehe 6,2, S.1013.

[70] An die Mutter 29.1.1800. – 6,1, S.385.

[71] Siehe 6,2, S.1013 und William von Schröder, Auf Hölderlins Frankfurter Spuren, in: Frankfurt. Lebendige Stadt 2/2 (1957), S.25–29.

[72] Bettina Brentano an Savigny 15.4.1805. – Zit. nach 7,1, S.110.

[73] Es erübrigt sich, hier Einzelheiten der berühmten Trennungsszene (vgl. z.B. Jügel, a.a.O., S.352ff.; dazu 7,2, S.65ff. – Pfeiffer-Belli, Wie Hölderlin, a.a.O.) oder die entsprechenden Gerüchte für den Bruch (vgl. 7,2, S.121ff. – 7,4, S.367) aufzuführen. – Daß nicht die eine Szene mit dem polternden Cobus Gontard entscheidend war, belegt der Brief Henrys an Hölderlin 27.9.1798: „Ich war heute bei Herrn Hegel, dieser sagte, Du hättest es schon lange im Sinn gehabt ..." (7,1, S.57).

[74] Im Sommer 1796 hatte sich Schelling in Jena nach einer Hauslehrerstelle für Hegel umgesehen (Schelling an Hegel 20.6.1796. – Johannes Hoffmeister [Hrsg.], Briefe von und an Hegel, Bd.1: 1785–1812, Hamburg 1952, S.36f.), im Herbst 1796 konnte Hölderlin die Stelle in Frankfurt vermitteln (an Hegel 24.10.1796. – 6,1, S.219ff. – Hegel an Hölderlin Nov. 1796. – 7,1, S.43ff. – An Hegel 20.11.1796. – 6,1, S.221f.) – Auch für Ebel hatte Hölderlin den Freund Hegel empfohlen: An Ebel 10.1.1797. – 6,1, S.230. – Vgl. 6,2, S.825.

[75] Siehe zur Familie Gogel: 6,2, S.813f. und Rudolf Jung, Die Frankfurter Familie Gogel. 1576–1918, Frankfurt a.M. 1920. Hier S.35 und S.37 eine Charakterisierung der Zöglinge Hegels. – Vgl. auch S.33f.

[76] Vgl. zur Beschäftigung Hölderlins mit philosophischen Fragen und zur Zusammenarbeit mit Hegel in der Frankfurter Zeit vor allem Karl Rosenkranz, Georg Wilhelm Friedrich Hegels Leben, Berlin 1844 (Darmstadt 1971), S. 76 ff. – Wilhelm Dilthey, Die Jugendgeschichte Hegels, 3. Aufl., Stuttgart 1959 (Göttingen 1963) (= Ges. Schr. Bd. 4), S. 40 ff. – Johannes Hoffmeister, Hölderlin und die Philosophie, Leipzig 1942. – Theodor Haering, Hölderlin und Hegel in Frankfurt. Ein Beitrag zur Beziehung von Dichtung und Philosophie, in: Paul Kluckhohn (Hrsg.), Hölderlin. Gedenkschrift zu seinem 100. Todestag 7. Juni 1943, Tübingen 1943, S. 174–202. – Ernst Cassirer, Hölderlin und der deutsche Idealismus, in: Alfred Kelletat (Hrsg.), Hölderlin. Beiträge zu seinem Verständnis in unserem Jahrhundert, Tübingen 1961, S. 79–118. – Rüdiger Bubner (Hrsg.), Das älteste Systemprogramm. Studien zur Frühgeschichte des deutschen Idealismus, Bonn 1973. – Otto Pöggeler, Philosophie im Schatten Hölderlins, in: Der Idealismus und seine Gegenwart. Festschrift für Werner Marx, Hamburg 1976, S. 361–377. – Panajotis Kondylis, Die Entstehung der Dialektik. Eine Analyse der geistigen Entwicklung von Hölderlin, Schelling und Hegel bis 1802, Stuttgart 1979. – Christoph Jamme, „Ungelehrte" und gelehrte Bücher. Literaturbericht über das Verhältnis von Hegel und Hölderlin, in: Zs. f. phil. Forschung 35 (1981), S. 628–645. – Otto Pöggeler, Politik aus dem Abseits. Hegel und der Homburger Freundeskreis, in: Christoph Jamme / Otto Pöggeler (Hrsg.), Homburg vor der Höhe in der deutschen Geistesgeschichte, Stuttgart 1981, S. 67–98. – Christoph Jamme, Politik und Natur. Zum historischen Kontext und philosophischen Gehalt von Sinclairs Cevennen-Trilogie, in: ebd., S. 194–230. – Christoph Jamme, „Jedes Lieblose ist Gewalt". Der junge Hegel, Hölderlin und die Dialektik der Aufklärung, in: Hölderlin-Jahrbuch 23 (1982/83), S. 191–228. – Christoph Jamme, „Ein ungelehrtes Buch". Die philosophische Gemeinschaft zwischen Hölderlin und Hegel in Frankfurt 1797–1800, Bonn 1983. – Christoph Jamme, Liebe, Schicksal und Tragik. Hegels ›Geist des Christentums‹ und Hölderlins ›Empedokles‹, in: Christoph

Jamme/Otto Pöggeler (Hrsg.), „Frankfurt aber ist der Nabel dieser Erde". Das Schicksal einer Generation der Goethezeit, Stuttgart 1983, S. 300–324. – Andreas Thomasberger, Mythos–Religion–Mythe. Hölderlins Grundlegung einer neuen Mythologie in seinem ›Fragment philosophischer Briefe‹, in: Ebd., S. 284–299. – Christoph Jamme/Helmut Schneider (Hrsg.), Mythologie der Vernunft. Hegels „ältestes Systemprogramm des deutschen Idealismus", Frankfurt a. M. 1984, S. 45 ff. – Otto Pöggeler, Das Menschenrecht des Staates, in: Ebd., S. 175–225. – Weitere Literatur zum Thema „Ältestes Systemprogramm" bei Stephan Wackwitz, Friedrich Hölderlin, Stuttgart 1985, S. 85.

[77] An Hegel 24. 10. 1796. – 6, 1, S. 220.

[78] Hegel an Nanette Endel 9. 2. 1797. – Hoffmeister (Hrsg.), Bd. 1, S. 49.

[79] An Ebel 10. 1. 1797. – 6, 1, S. 229.

[80] An Schelling 6, 1, S. 345 ff., S. 347.

[81] Vgl. z. B. Walther Killy, Hölderlin an Diotima. Das Widmungsexemplar des ›Hyperion‹, in: Hölderlin-Jahrbuch (1950), S. 98–107.

[82] 3, S. 89.

[83] Susette Gontard an Hölderlin Ende Juni 1799. – 7, 1, S. 80.

[84] 4, 1, S. 145.

[85] Journal meiner Reise im Jahr 1769. – Johann Gottfried Herder, Sämtl. Werke, hrsg. von Bernhard Suphan, Bd. 4, Berlin 1878, S. 383.

[86] Briefe eines teutschen Emigranten, in: Der Genius der Zeit, Bd. 12, 1797, S. 261–263. – Zit. nach Volke (1970), S. 176.

[87] Goethe an Carl August 8. 8. 1797. – Weimarer Ausgabe IV, 12, S. 212.

[88] Reise in die Schweiz 1797. – Weimarer Ausgabe I, 34. 1, S. 247.

[89] Goethe an Schiller 9. 8. 1797. Weimarer Ausgabe IV, 12, S. 217.

[90] Vgl. Mieth (1978), S. 46 f. und Prignitz, S. 49 ff.

[91] Siehe Prignitz, S. 51 ff.

[92] An die Mutter November 1797. – 6, 1, S. 255 ff.

[93] Ebd., S. 257.

[94] An die Mutter Anfang Januar 1798. – 6, 1, S. 259.

[95] An die Schwester etwa Mitte April 1798. – 6, 1, S. 270.

[96] Um den Abstand zwischen dem „bürgerlichen" Cobus Gontard und dem „bürgerlichen" Hölderlin auch in finanzieller Hinsicht zu verdeutlichen, sei darauf hingewiesen, daß 1842 Gontard als Millionär starb, daß aber Hölderlins Mutter bei ihrem Tod 1828 gut 18 000 Gulden hinterließ. Nach A. Beck, Diotima und ihr Haus (1957), S. 45.

[97] 2, 1, S. 114.

[98] An die Mutter 10. 10. 1798. – 6, 1, S. 283 ff.

[99] Ebd., S. 285.

[100] Vgl. z. B.: An Neuffer 12. 11. 1798. – 6, 1, S. 289 f. – An die Mutter Januar 1799. – 6, 1, S. 308.

[101] Vgl. zu Schmid und zu seinem Verhältnis bzw. zu den Parallelen zu Hölderlin 7, 1, S. 49 f. – Christian Waas, Siegfried Schmid aus Friedberg in der Wetterau der Freund Hölderlins (1774–1859). – Herfried Münkler, Siegfried Schmids erzwungene Vernünftigkeit. Eine biographische Alternative zum Wahnsinn Hölderlins, in: Le pauvre Holterling. Blätter zur Frankfurter Ausgabe, Nr. 7, Frankfurt a. M. 1984, S. 41–53.

[102] Schiller an Goethe 30. 6. 1797.

[103] Schiller an Goethe 28. 7. 1797.

[104] Goethe an Schiller 9. 8. 1797. – Weimarer Ausgabe, IV, 12, S. 219 f. – 7, 2, S. 104.

[105] Schiller an Goethe 17. 8. 1797. – 7, 2, S. 107.

4. Stuttgart, Hauptwil, Bordeaux

[1] An die Mutter 30. 1. 1797. – 6, 1, S. 232 ff. – Vgl. 6, 2, S. 827 f. und 6, 2, S. 829.

[2] Ebd., S. 233.

[3] Siehe: An die Mutter 11. 12. 1798. – 6, 1, S. 296 ff. – Vgl. 6, 2, S. 902 ff. – Vgl. auch: Karl Gok an Hölderlin Dezember 1798. – 7, 1, S. 125 f.

[4] 6,1, S. 296 f.

[5] An die Mutter Januar 1799. – 6,1, S. 312.

[6] Ebd., S. 313.

[7] An die Mutter 8.10.1799. – 6,1, S. 369.

[8] An Neuffer 4.12.1799. – 6,1, S. 379.

[9] An die Mutter 29.1.1800. – 6,1, S. 382 ff. – Vgl. 6,2, S. 1006 ff.

[10] An die Mutter 23.5.1800. – 6,1, S. 390. – Vgl. 6,2, S. 1021 f.

[11] Siehe 6,1, S. 399; 6,2, S. 1032 und 7,2, S. 174. – Vgl. dazu auch die Erinnerungen Karl Goks, in: Sattler, Bd. 9, S. 368, S. 397 und S. 409.

[12] Vgl. 6,2, S. 1024 ff. und 7,2, S. 171 ff. – Adolf Beck/Paul Raabe (Hrsg.), Hölderlin. Eine Chronik in Text und Bild, Frankfurt a. M. 1970, S. 389.

[13] 6,2, S. 1027.

[14] Gustav Schlesiers Aufzeichnungen 1845. – 7,2, S. 174.

[15] Vgl. 6,2, S. 1027.

[16] 6,2, S. 1043 und 7,1, S. 291.

[17] An die Mutter Juli 1800. – 6,1, S. 398.

[18] An die Mutter etwa 20.7.1800. – 6,1, S. 397. – Dazu 6,2, S. 1028 ff.

[19] An die Schwester wahrscheinlich erste Hälfte Oktober 1800. – 6,1, S. 401.

[20] Vgl.: An die Schwester 11.12.1800. – 6,1, S. 403 ff.

[21] Siehe: An die Schwester wahrscheinlich erste Hälfte Oktober 1800. – 6,1, S. 401. – 6,2, S. 1035 f. – 6,2, S. 1043 f. – Karl Reinhard an Conz 9.12.1800. – 7,2, S. 180 f. – 7,1, S. 154. – Conz an Reinhard 8, S. 13 f.

[22] Reinhard an Conz 9.12.1800. – 7,2, S. 180 f.

[23] 6,2, S. 1041 und 7,1, S. 155.

[24] Vgl. zum Aufenthalt in Hauptwil vor allem Lothar Kempter, Hölderlin in Hauptwil, Tübingen 1975 (grundlegend). – Vgl. außer den bekannten Biographien (z. B. Böhm, Bd. 2, S. 635 ff.; Bertaux [1981], S. 80 ff.) auch Jakob Baechtold, Hölderlin in der Schweiz, in: Vierteljahrschrift für Litteraturgeschichte 1 (1888),

S. 269–274. – Gottfried Keßler, Friedrich Hölderlins Aufenthalt in Hauptwil, in: Die Ostschweiz, St. Gallen 6.–10., 13., 14. u. 16. August 1917. – K(arl) E(mil) Hoffmann, Hölderlin in Hauptwil, National-Zeitung Basel, 28. 4. 1929, Sonntagsbeil.: Der Basilisk, Jg. 10, Nr. 17. – Wilhelm Böhm (Hrsg.), Hölderlin und die Schweiz, Frauenfeld/Leipzig 1935 (Einleitung W. Böhms: Hölderlins Leben und sein Verhältnis zur Schweiz). – Emil Jenal, Hölderlin und die Schweiz, in: Neue Zürcher Zeitung, 5. 6. 1943, Bl. 3. – Emil Staiger, Hölderlin und die Schweiz, in: Atlantis 6 (1943), S. 289–294. – Iso Keller, Hölderlin und sein Aufenthalt in der Schweiz. An seinem hundertsten Todestag, in: Schweizerische Rundschau 43 (1943/44), S. 145–149. – Lothar Kempter, Winterthurer Schloßprediger und Hofmeister in Hauptwil, in: Winterthurer Heimatblätter (Beigabe zum Neuen Winterthurer Tagblatt), 16. Jg., Nr. 1, 16. 1. 1944, S. 1–6. – Dino Larese, Hölderlin in Hauptwil, in: Das Bodenseebuch 31 (1944), S. 67–70. – Lothar Kempter, Wo hat Hölderlin in Hauptwil gewohnt? in: Das Bodenseebuch, 34/35 (1948/49), S. 76–78 (auch in: Bodensee und Rhein, 1965, unpag.). – Dino Larese, Hölderlin in Hauptwil, in: Bischofszeller Mappe, 1949 (unpag.). – Lothar Kempter: Hölderlin in Hauptwil, in: Der Landbote. Tagblatt von Winterthur und Umgebung. Winterthur, 21. Juni 1974, Beilage.

25 6, 2, S. 1052.

26 Gonzenbach an Hölderlin 11. 4. 1801. – 7, 1, S. 159. – Vgl. dazu auch Kempter (1975) S. 49 f.

27 Vgl. Esther Schelling, Hölderlins Ode ›Unter den Alpen gesungen‹. Eine Kurzinterpretation, in: Hölderlin-Jahrbuch 19/20 (1975–77), S. 258–266.

28 Siehe Kempter (1975), S. 54 ff.

29 An Gonzenbach 7., 8. oder 9. 1. 1801. – 6, 1, S. 409.

30 An die Mutter 24. 1. 1801. – 6, 1, S. 411 f.

31 Vgl. Kempter S. 14.

32 Zit. ebd., S. 35.

33 Vgl. ebd., S. 2 ff.

34 6, 2, S. 1053.

[35] Gonzenbach an Hölderlin 11.4.1801. – 6, 1, S.159f. – Vgl. das Zeugnis vom 13.4.1801. – 7,2, S.188.

[36] Vgl. z.B. Böhm, Bd.2, S.640f., oder Emil Staiger, Hölderlin und die Schweiz, in: Atlantis 6 (1943), S.289–294, S.289.

[37] Vgl. Bertaux, S.80ff.

[38] An Landauer etwa Ende März 1801: 6,1, S.417. Er fährt fort: „O! Du weist es, Du siehest mir in die Seele, wenn ich Dir sage, daß es mich oft um so mächtiger wieder überfällt, je länger ichs mir verschwiegen habe, diß, daß ich ein Herz habe in mir, und doch nicht sehe wozu? mich niemand mittheilen, hier vollends niemand mich äußern kann. Sage mir, ists Seegen oder Fluch, diß Einsamseyn, zu dem ich durch meine Natur bestimmt und je zwekmäßiger ich in jener Rüksicht, um mich selbst herauszufinden, die Lage zu wählen glaube, nur immer unwiderstehlicher zurükgedrängt bin!" (ebd., S.417f. – Vgl. 6,2, S.1065).

[39] Vgl.: Nachrichten über die Revolution des Thurgaus in den Jahren 1797 und 1798, in: Thurgauische Beiträge zur vaterländischen Geschichte, hrsg. v. Historischen Vereine des Kantons Thurgau 37 (1897), S.21–96. – Vgl. auch Kempter, S.44 und S.79f.

[40] An Schiller 2.6.1801. – 6,1, S.421ff.

[41] Ebd., S.422.

[42] Dieser wichtige Brief ist erst 1970 im Wortlaut veröffentlicht: Volke (Hrsg.) (1970), S.256f. – Regest: 6,1, S.423. – Vgl. 6,2, S.1071f.

[43] Volke (Hrsg.) (1970), S.256f.

[44] Vgl. zu Hölderlins Aufenthalt in Bordeaux: Carl C.T. Litzmann, Neue Mittheilungen über Hölderlin, in: Archiv für Litteraturgeschichte 15 (1887), S.61ff. – Friedrich Seebaß, Hölderlin in Frankreich, in: Das Reich 3 (1919), S.598–602. – Wilhelm Böhm, Hölderlin, Bd.2, S.649ff. – Wilhelm Böhm, Hölderlins französischer Aufenthalt. Wie Legenden entstehen, in: Hannoverscher Kurier, 9.10.1931, Beilage. – Robert Pitrou, Un poète allemand à Bordeaux en 1802, in: Revue philomathique de Bordeaux et du Sud-Ouest 39 (1936), S.91–94. – Adolf von Grolmann, Hölderlin in Frankreich, in: Vierteljahresschrift des Deut-

schen Instituts, Paris 2/5 (1943), Hamburg 1943, S. 1–9. – Irene Koschlig-Wiem, Hölderlin in Bordeaux, in: Atlantis 6 (1943), S. 277–279. – Adolf Beck, Vorarbeiten zu einer künftigen Hölderlin-Biographie. 1. Zu Hölderlins Rückkehr von Bordeaux, in: Hölderlin-Jahrbuch 4 (1950), S. 72–96. – Ders., Vorarbeiten zu einer künftigen Hölderlin-Biographie. 2. Moritz Hartmanns „Vermuthung", in: Hölderlin-Jahrbuch 5 (1951), S. 50–67. – Ders., Kleine Zufallsfunde, 3. Zu Hölderlins Aufenthalt in Bordeaux, in: Hölderlin-Jahrbuch 7(1953), S. 63–73. – Friedrich Beißner, Hölderlin in Frankreich, in: Deutschland–Frankreich. Ludwigsburger Beiträge zum Problem der deutsch-französischen Beziehungen 1 (1954), S. 120–130. – Adolf Beck, Eine Personalbeurteilung von Hölderlin und die Frage seines Weges nach Bordeaux, in: Hölderlin-Jahrbuch 10 (1957), S. 67–72. – Martin Kuhn, „Auf den gefürchteten überschneiten Höhen der Auvergne, in Sturm und Wildnis...". Die Winterreise Friedrich Hölderlins durch Südfrankreich, in: Mitteilungen des Instituts für Auslandsbeziehungen 15 (1965), S. 138–140. (Auch in: Neustadter Tageblatt [Neustadt bei Coburg], 26.3.1965.) – Werner Dürrson, Hölderlins „Fatale Reise", in: Merian 19/7 (1966) (›Bordeaux‹), S. 86–89. – Werner Walz, Auf der Suche nach Hölderlin. 3 Wochen in Bordeaux auf des Dichters Spuren, in: Der Literat 9/3 (1967), S. 35 f. – Pierre Bertaux, Hölderlin in und nach Bordeaux. Eine biographische Untersuchung, in: Hölderlin-Jahrbuch 19/20 (1975–1977), S. 94–111. – Adolf Beck, Hölderlin im Juni 1802 in Frankfurt? Zur Frage seiner Rückkehr von Bordeaux, in: Hölderlin-Jahrbuch 19/20 (1975–1977), S. 458–475. – G. Mieth (1970), S. 138 ff. – M. Beese (1981), S. 82 ff. – Pierre Bertaux, Friedrich Hölderlin, Frankfurt a. M. 1981, S. 88 ff. – Dietrich Uffhausen, Heimath und Fremde. Hölderlin unterwegs von Lauffen nach Bordeaux, in: Ders., Heimath. Und niemand weiß, o. O., o. J. (1983), S. 1–21. – Andrzej Warminski, Hölderlin in France, in: Studies in Romanticism 22 (1983), S. 173–197. – Pierre Bertaux, Zu Hölderlins Reise nach Bordeaux, in: Ders., Hölderlin-Variationen, Frankfurt a. M. 1984, S. 197–199.

145

[45] Landauer an Hölderlin 22.10.1801. – 7,1, S.169.

[46] An Boehlendorff 4.12.1801. – 6,1, S.427.

[47] Vgl. z.B.: 6,2, S.1079ff. – 7,2, S.193ff. – A.Beck (1950), S.75ff. – P.Bertaux (1984), S.197–199. – Vgl.: An die Mutter 9.1.1802. – 6,1, S.428f. – An die Mutter 28.1.1802. – 6,1, S.429f.

[48] 7,2, S.195.

[49] Siehe zu Daniel Christoph Meyer und zu seiner Familie: 6,2, S.1081f. – Otto Beneke, Geschichte der Familie Lorenz Meyer in Hamburg, Hamburg 1902. – Beck/Raabe, a.a.O., S.400f. – Karl Veit Riedel, Friedrich Johann Lorenz Meyer 1760–1844. Ein Leben in Hamburg zwischen Aufklärung und Biedermeier, Hamburg 1963.

[50] An die Mutter 28.1.1802. – 6,1, S.429f.

[51] An die Mutter Karfreitag 1802. – 6,1, S.431.

[52] Schelling an Hegel 11.7.1803. – 7,2, S.261f.

[53] Vgl. z.B. 7,2, S.262f. oder Beck (1950), S.84f.

[54] Vgl. Grolmann, S.8f.

[55] Johann Christian Meier, Johann Bernhard Basedows Leben Charakter und Schriften unparteiisch dargestellt und be-urtheilt, 2 Bde., Hamburg 1791 und 1792. – Vgl. zu Meier z.B.: Charakteristik der Erziehungsschriftsteller Deutschlands. Ein Handbuch für Erzieher, Leipzig 1790, S.274f. – Riedel, S.20f.

[56] Riedel, S.16 und 6,2, S.1082f. – Beck/Raabe, S.400.

[57] Von der akuten Erkrankung S.Gontards konnte Hölderlin aus zeitlichen Gründen nicht erfahren haben. Vgl. Karl Goks Bericht: Sattler, Bd.9, S.410. – Beck (1950), S.83f. – 7,2, S.201ff.

[58] Vgl. Maria Belli-Gontard (1872), S.11 und Walz, S.36.

[59] An die Mutter 28.1.1802. – 6,1, S.430.

[60] Nach Beck (1950), S.80f. – Vgl. zu diesem kapitalistischen Geist in Bordeaux wie zu den politischen Umständen vor allem Mieth, S.138ff. u. S.233ff.

[61] Siehe Mieth, a.a.O.

[62] 7,2, S.198. – Vgl. Beck (1950), S.82ff.

[63] Hölderlins Mutter an Sinclair 25.11.1802. – 7,2, S.311. – Vgl. 7,2, S.313.

[64] Frankfurter Ausgabe, hrsg. v. Sattler, Bd. 9, S. 412. – Vgl. S. 375 und S. 402.

[65] 7, 2, S. 223.

[66] 7, 2, S. 235.

[67] Wilhelm Michel, Das Leben Friedrich Hölderlins, Darmstadt 1963, S. 461.

[68] Peter Härtling, Hölderlin. Ein Roman, 7. Aufl., Darmstadt/ Neuwied 1985, S. 352.

[69] Wilhelm Michel, S. 461. – Wortgleich findet sich die Textstelle bereits in J. Kocher, Geschichte der Stadt Nürtingen, Bd. 2, Stuttgart 1924, S. 246.

[70] 1790. – 2, 1, S. 348. – Vgl. 3, S. 570 f.

[71] 6, 1, S. 471. – In 6, 2, S. 563 werden Beseke (Johann Melchior Gottlieb Beseke, Versuch einer Praktischen Logik oder Anweisung den gesunden Verstand recht zu gebrauchen, Leipzig 1786) und Villaume (Peter Villaume, Practische Logik für junge Leute die nicht studiren wollen, Berlin und Libau 1787) als mögliche Autoren genannt. Aber auch ein entsprechendes Buch von Moritz kommt in Frage (Carl Philipp Moritz, Versuch einer kleinen praktischen Kinderlogik welche auch zum Theil für Lehrer und Denker geschrieben ist, Berlin 1786).

[72] 6, 1, S. 59 – Vgl. auch 6, 1, S. 60 und 6, 2, S. 574.

[73] Vgl. dazu und zum Folgenden vor allem Paul Raabe, Die Briefe Hölderlins, Stuttgart 1963, S. 48 ff. – Aus Raumgründen können hier nicht alle Briefe benannt und interpretiert werden.

[74] Siehe z. B. 6, 1, S. 92 f.

[75] 6, 1, S. 119.

[76] Ebd.

[77] 6, 1, S. 131 f.

[78] 6, 1, S. 116.

[79] An Karl 11. 2. 1796. – 6, 1, S. 201.

[80] Vgl. 6, 2, S. 781.

[81] An Karl 2. 6. 1796. – 6, 1, S. 209.

[82] An Karl Sommer 1796. – 6, 1, S. 211 f.

[83] An Karl 13. 10. 1796. – 6, 1, S. 218.

[84] An Karl November 1796. – 6, 1, S. 227.

[85] An Karl 10. 1. 1797. – 6, 1, S. 230 f.
[86] An Karl September 1797. – 6, 1, S. 251 f.
[87] An Karl 12. 2. 1798. – 6, 1, S. 262.
[88] Ebd., S. 263.
[89] Ebd.
[90] Ebd., S. 264.

5. Kindheit und Jugend im ›Hyperion‹

[1] Vgl. zur Gesamtthematik vor allem Wilhelm Dilthey, Das Erlebnis und die Dichtung. Lessing, Goethe, Novalis, Hölderlin, Leipzig 1906, S. 326 ff. – Franz Zinkernagel, Die Entstehungsgeschichte von Hölderlins Hyperion, Straßburg 1907. – Kurt Düring, Hölderlins erzieherische Ideen im Hyperion, in: Vierteljahrschrift für wiss. Päd. 6 (1924), S. 101–131, S. 149–161. – Otto Kohlmeyer, Hyperion. Eine pädagogische Hölderlinstudie, Frankfurt a. M. 1924. – Hans Heinrich Borcherdt, Der Roman der Goethezeit, Urach/Stuttgart 1949, S. 334 ff. – Georg Lukács, Hölderlins Hyperion, in: Goethe und seine Zeit, Berlin 1953, S. 148–167. – Werner Jaeger, Friedrich Hölderlins Idee der griechischen Bildung, in: Erziehung zur Menschlichkeit. Die Bildung im Umbruch der Zeit, Festschrift für Eduard Spranger, Tübingen 1957, S. 53–62. – Wolfgang de Boer, Hölderlins Deutung des Daseins. Zum Normproblem des Menschen, Frankfurt a. M./Bonn 1961, S. 17 ff. – Lawrence Ryan, Hölderlins ›Hyperion‹. Exzentrische Bahn und Dichterberuf, Stuttgart 1965. – Paul Böckmann, Die Französische Revolution und die Idee der ästhetischen Erziehung in Hölderlins Dichten, in: Wolfgang Paulsen (Hrsg.), Der Dichter und seine Zeit – Politik im Spiegel der Literatur, Heidelberg 1970, S. 83–112. – Jürgen Jacobs, Wilhelm Meister und seine Brüder. Untersuchungen zum deutschen Bildungsroman, München 1972, S. 120 ff. – Gerhart Mayer, Hölderlins ›Hyperion‹ – ein frühromantischer Bildungsroman, in: Hölderlin-Jahrbuch 19/20 (1975/77), S. 244–258. – Timothy Perry Cole, Hölderlin's Hyperion. The Dialectics of Revolutionary Idealism, o. O. 1981 (Masch.) (Diss. Wisconsin –

Madison 1981), S. 104 ff. – Dieter Kimpel, Friedrich Hölderlin: Hyperion (1797/1799), in: Paul Michael Lützeler (Hrsg.), Romane und Erzählungen der deutschen Romantik. Neue Interpretationen, Stuttgart 1981, S. 75–97. – Clemens Menze, Hölderlins Deutung der Bildung als exzentrischer Bahn, in: Vierteljahrsschrift f. wiss. Päd., 58 (1982), S. 435–482. – Christoph Jamme, „Jedes Lieblose ist Gewalt". Der junge Hegel, Hölderlin und die Dialektik der Aufklärung, in: Hölderlin-Jahrbuch 23 (1982/83), S. 191–228. – Meinhard Prill, Bürgerliche Alltagswelt und pietistisches Denken im Werk Hölderlins, Tübingen 1983. – Pierre Bertaux, Hölderlin-Variationen, Frankfurt a. M. 1984, S. 26–39. – Rolf Selbmann, Der deutsche Bildungsroman, Stuttgart 1984, S. 88 f. – Stephan Wackwitz, Friedrich Hölderlin, Stuttgart 1985, S. 61 ff. – Dennis F. Mahoney, Hölderlins ›Hyperion‹ und der Bildungsroman. Zur Umbildung eines Begriffs, in: Wolfgang Wittkowski (Hrsg.), Verlorene Klassik? Ein Symposium, Tübingen 1986, S. 224–236.

[2] So argumentierte z. B. Kohlmeyer, als sei Hölderlin Herbatianer gewesen, und Düring, als ob er eine pädagogisch-systematische Schrift mit einer Einteilung nach den Reifephasen des Heranwachsenden verfaßt hätte.

[3] 3, S. 163. – Vgl. dazu 3, S. 180 und 3, S. 236. – Vgl. zu den verschiedenen Fassungen des ›Hyperion‹ bzw. zur Entstehungsgeschichte Zinkernagel. – 3, S. 296 ff. – Sattler, Bd. 10 und Bd. 11.

[4] Vgl. z. B. Zinkernagel, S. 43 ff.; Ryan, S. 8 ff.; Menze, S. 436 ff.

[5] 3, S. 186 ff. – Vgl. Menze, S. 446 ff.

[6] 3, S. 199. – Vgl. auch S. 200 f. und S. 205 f.

[7] 3, S. 9.

[8] 3, S. 10.

[9] WA I, 19, S. 41.

[10] Friedrich Schiller, Sämtliche Werke, hrsg. von Gerhard Fricke und Herbert G. Göpfert, 7. Aufl., Bd. 5, Darmstadt 1984, S. 710. – Vgl. zum Begriff der Kindheit bei Schiller und Hölderlin auch Ryan, S. 66 ff.

[11] 1, S. 260. – Vgl. die Interpretation: Peter Christian Giese,

Der Philosoph und die Schönheit. Anmerkungen zu Hölderlins Ode ›Sokrates und Alcibiades‹, in: Hölderlin-Jahrbuch 25 (1986/87), S. 125–140.

[12] 3, S. 13.

[13] Ebd.

[14] 3, S. 14.

[15] Ebd.

[16] An Ebel 2. 9. 1795. – 6, 1, S. 176 ff.

[17] Vgl. zur Wirkung der Rousseaulektüre auf die Gestaltung des Adamas z. B. Anna Faust, Dichterberuf und bürgerlicher Beruf in Hölderlins Leben und Werk, Diss. (phil.) Masch., Tübingen 1949, S. 144 ff., und Rudolf Buck, Rousseau und die deutsche Romantik, Berlin 1939, S. 124 ff.

[18] Siehe zur Rezeption des Paideia-Ideals vor allem Jäger, a. a. O. – Vgl. dazu Alessandro Pellegrini, Friedrich Hölderlin. Sein Bild in der Forschung, Berlin 1965, S. 455 ff.

[19] 3, S. 22.

[20] 3, S. 28.

[21] 3, S. 77.

[22] 3, S. 78.

[23] 3, S. 79.

[24] 3, S. 78.

[25] 3, S. 79.

[26] 3, S. 31.

[27] Ebd. – Vgl. z. B. auch: An Landauer Februar 1801: „… am Ende ist es doch wahr, je weniger der Mensch vom Staat erfährt und weiß, die Form sei, wie sie will, um desto freier ist er" (6, 1, S. 417). – Vgl. zur Auffassung vom Staat z. B. auch: 6, 2, S. 1063 f. und Eduard Spranger, Hölderlin und das deutsche Nationalbewußtsein, in: Alfred Kelletat (Hrsg.), Hölderlin. Beiträge zu seinem Verständnis in unserem Jahrhundert, Tübingen 1961, S. 119–130.

[28] 3, S. 82 f.

[29] Vgl. z. B. Christoph Jamme, „Ein ungelehrtes Buch". Die philosophische Gemeinschaft zwischen Hölderlin und Hegel in Frankfurt 1797–1800, Bonn 1983, S. 46 f.

[30] Vgl. z.B. ders., „Jedes Lieblose ist Gewalt". Der junge Hegel, Hölderlin und die Dialektik der Aufklärung, in: Hölderlin-Jahrbuch 23 (1982/83), S. 191–228, S. 215 ff.

[31] 3, S. 153.

[32] 3, S. 155.